에너지(ET)혁명,
전기차, 미래

노벨화학상 요시노 박사의
리튬이온전지 발명 이야기

요시노 아키라 지음 | **한원철** 옮김 | **정순기** 감역

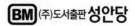

BM (주)도서출판 **성안당**

리튬이온전지는 전자기기를 중심으로 우리들의 생활에 꼭 필요한 물건이 되었다. 이후 자동차 분야 등으로 확대되어 그 중요성이 더 커지고 있다.

▲ 리튬이온전지의 최대 특징은 소형·경량이면서 높은 전압특성을 가지는 것이다. 동력원으로 이러한 요소가 모두 필요한 드론 등은 필시 리튬이온전지가 있음으로 해서 처음으로 만들어진 기기라고 할 것이다.

출처: [blog] 어른들의 장난감 드론

▶ 우리가 몸에 늘 지니고 있는 스마트폰과 노트북 컴퓨터에도 리튬이온전지가 사용된다. '충전'이 일상이 될 정도로 우리들과 리튬이온전지는 깊은 관계에 있다.

출처: https://blog.naver.com/004cr

◀ 제로 에미션(Zero-emission)을 향한 새로운 시도, 리튬이온전지를 탑재한 초소형 전기차에 의한 카 셰어링(sharing)도 생겨날 것이다. 차세대 차량, 새로운 자동차 사회의 실현을 향해 리튬이온전지의 역할이 커지고 있다.

출처: https://news.naver.com/main/read.nhn?oid=022&aid=0002826271

전지는 우리들 생활에 친근한 것으로, 없어서는 안 될 물건이다. 특히 충전해서 몇 번이고 반복해서 사용하는 2차 전지는, 사회의 여러 장소에서 중요한 역할을 하고 있다. 2차 전지 중에서도 최근 가장 화제가 되고 있는 것이, 리튬이온전지이다.

이 책에서는 전지의 종류, 원리와 구조, 그리고 전지의 역사 등을 간단히 설명한 다음, 리튬이온전지의 개발 경위에 대하여 말하고자 한다. 리튬이온전지의 연구가 어떻게 시작되어, 원리가 완성되는 과정에서 무슨 일이 있었는지, 원형(proto-type)이 만들어진 후부터 사업화에 이르기까지의 과정에서는 또 무슨 일이 있었는지에 대해 지난 시간을 근거로 논하고자 한다.

리튬이온전지의 성장은, 1995년쯤부터 시작된 'IT혁명'과 큰 관련이 있다. 소형·경량화를 특징으로 하는 리튬이온전지는 휴대전화, 스마트폰, 노트북PC 등 IT기기의 보급을 촉진시켰고, 현재의 모바일 IT사회의 실현에 크게 공헌하여 왔다.

지금 세계에는 'ET(에너지 테크놀로지) 혁명'이라고도 할 만한, 커다란 변혁이 시작되었다. 그것은 자원, 환경, 에너지라는 인류 공통의 중대한 과제에 대한 해결책을 발견하고자 하는 변화이다. 그 선두에서는 자동차의 전동화가 진행되고 있는데, 리튬이온전지가 이 'ET 혁명'에 있어서 한층 더 중요한 역할을 하기를 기대한다.

끝으로, 이 'ET 혁명'에 의해 초래되는 '미래 자동차 사회'의 모습에 대한 내 생각을 논하였다.

요시노 아키라

　　2019년 스웨덴 한림원은 스마트폰 등 모바일 IT혁명을 촉진시킨 리튬이온 배터리로 세상을 변화시킨 공로로, 그해 노벨화학상을 미국의 S 위팅엄, J.B 굿이노프 교수와 함께 일본 아사히카세이의 연구원인 요시노 아키라 박사에게 수여하였다. 사실 리튬이온전지 관련 노벨상 수상 가능성은 여러 해 이야기되어 왔는데, 결과적으로 일본에서 수상자가 나오기 앞서 일본의 공영 라디오 방송사에서 먼저 리튬이온 배터리 발명자인 요시노 박사의 이야기를 라디오 드라마로 만들었고, 이 책을 출간하였다. 이 책은 일반인을 대상으로 과학에 대한 흥미를 높이기 위해, 방송된 내용을 바탕으로 전공자가 아닌 사람들도 쉽게 다가갈 수 있도록 쓰여졌다. 그리고 이 분야에 관계된 사람들은 이미 세상에 나온 지 30년이 넘은 리튬이온전지의 발명 과정부터 상품화에 이르기까지의 일화를 들여다 볼 수 있을 뿐 아니라, 새로운 사업 영역과 차세대 기술에 대한 혜안과 영감도 가질 수 있으리라 기대한다.

　　필요는 발명의 어머니이다. 이 책에서는 왜 기존의 전지회사를 제쳐 두고, 소니가 1991년 세계 최초로 리튬이온전지를 공업화시켰는지에 대해 알려 주는데, 그것은 당시 핸디캠이라고 알려진 가정용 비디오 표준화 경쟁의 승리를 위해 필요했던 것이다.

　　저자는 발명왕 에디슨이 초기 발명품을 만들었거나 그와 동시대에 발명된 레코드(축음기), 필름 사진(영화), 니카드전지(에디슨의 경우 니켈철 전지)를 리튬이온 배터리가 기여한 모바일 IT혁명이 사라지게 했다고 하였다. 그리고 이어서 자동차를 중심으로 일어나고 있는 ET혁명(Energy & Environment, 에너지/

4

환경 Technology) 역시 에디슨의 별명품인 전구와 함께 100년 이상 인류문명을 지탱해 온 동시대 산물인 교류와 벤츠의 내연기관이 소멸될 것을 리튬이온 배터리와 연계지어 관망한다.

몇 달 전 미국의 빅1, 2인 GM과 포드의 시가 총액을 합친 것과 같아진, 그 시작은 미미한 벤처 기업에 불과했던 테슬러의 가치가 이달에는 명실상부 독일의 폭스바겐과 세계 1, 2위를 다투는 일본의 토요타 자동차의 시가 총액을 넘어서는 패러다임 변화는 이러한 노과학자의 전망을 이어가고 있다.

끝으로, 그동안 역자의 갑작스런 제의에도 불구하고 성안당에서 두 차례나 책을 출간할 기회를 주셨는데, 이번에는 역자도 찾지 못했던 본서와 같은 좋은 책을 옮길 기회를 주신 성안당 이종춘 회장님과 최옥현 상무님께 감사를 드린다. 지난 서적인 「슈퍼배터리와 전기 자동차 이야기」 또한 훌륭한 서적이었지만(요시노 박사와 같이 리튬이온전지로 노벨상을 공동 수상한 굿이너프, 위팅엄 두 교수의 초기 연구자 시절부터의 모습이 서양의 저널리즘으로 속살까지 발라져 있었다), 또 한 사람의 노벨상 수상자인 요시노 박사의 얘기가 제대로 언급되어 있지 않은 것이 못내 아쉬웠다. 그런데 이번에 리튬이온전지의 역사를 기술한 전서의 나머지 빠진 퍼즐 조각을 찾은 것 같아, 기쁘고 감사한 마음이다.

2020년 7월, 지방국도를 달리는 테슬러 모델3를 바라보며

역자 한원철

목차

머리말--3

역자의 말--4

제1회 휴대전화부터 자동차까지--8
리튬이온전지란? | 리튬이온전지의 특징 | 리튬전지는 어떻게 사용되고 있나?
자동차를 바꾸어 가는 리튬이온전지

제2회 전지의 구조--23
전기가 흐른다는 것이란 어떠한 것인가? | 전지는 어떤 구조로 되어 있을까?
한번 쓰고 버리는 전지와 반복해서 사용할 수 있는 전지 | 전혀 다른 원리의 전지

제3회 전지의 역사--35
세계 최초의 전지 | 건전지로의 길 | 리튬전지의 등장 | 2차 전지의 진화
'고성능' 2차 전지에 대한 요구

제4회 리튬이온전지 개발 비화 ① – 전기가 흐르는 플라스틱----------------------------50
연구개발의 3단계 | 리튬이온전지를 목표로 하다
힌트는 두 사람의 노벨상 수상자 | 전기가 흐르는 플라스틱

제5회 리튬이온전지 개발 비화 ② – 소형·경량화의 도전--------------------------------62
운명적인 양극과의 만남 | 힘들었던 경량화와 소형화의 양립
VGCF와의 만남 | 탐색연구로부터 개발연구로

제6회 리튬이온전지 개발 비화 ③ – 안전성을 증명하기 위하여----------------------------74
문제점으로부터 특허가 태어난다 | 있어야 할 과제, 있어서는 안 될 과제
순금 소성로가 없으면 불가능? | 야에스의 검은 다이아몬드
경찰청의 사전조사를 받다

제7회 **사업화의 길 ① – 난항의 시험제작품 만들가**--------------------------------87
사업화 판단에 필요한 3가지 조건 | 우리들이 가능한 것과 불가능한 것
시험제작품을 외부에 주문하다 | 몸을 사리지 않은 기술개발

제8회 **사업화의 길 ② – 유저 워크는 디지털 카메라부터**----------------------100
유저 워크 제1호 | 8mm 비디오 카메라의 상품화 | 미국에서의 시험제작

제9회 **사업화의 길 ③ – 품질, 가격, 공급체제에 적합한가?**----------------111
신형 2차 전지 사고의 파문 | 이 전지를 어떻게 사업화할 것인가?
갑자기 날아온 뉴스에 경악하다 | 토시바와의 합병회사 설립

제10회 **신규사업을 가로막는 3개의 관문**-----------------------------------119
3개의 관문 | 관심과 구매행동 간의 미묘한 관계
어느 날 갑자기 불어온 신바람 | 또 하나의 순풍

제11회 **IT로부터 ET(에너지 테크놀로지)까지**------------------------------133
1995년의 사람들에게 물어본다 | IT혁명에 있어서의 3가지 신기와 3가지 둔기
필름 사진이 없어진 날 | IT혁명에서 ET혁명으로

제12회 **ET혁명을 개척하는 자동차**--------------------------------------145
지속 가능한 사회를 향하여 | 자동차용으로의 전개
다음 전망은 2025년 | ET혁명에 있어서 '3가지 둔기'

제13회 **ET혁명이 가져올 미래 사회**-------------------------------------157
ET혁명에 있어서 '3가지 신기' | 마이카(My Car)가 없어지는 날
AIEV는 사물인터넷(IoT)이다 | ET혁명에 있어서 일본이 완수해야 할 역할

전지의 역사--170

휴대전화부터 자동차까지

리튬이온전지란?

인류가 전지라는 물건을 손에 넣은 것은 그리 최근의 일이 아니라, 시대를 훨씬 거슬러 올라간 기원전의 일이라고 여겨진다. 바그다드 근교의 메소포타미아 유적에서 전지라고 생각되는 것이 발굴되었는데, 안타깝게도 당시 사람들이 어떠한 목적으로 이 전지를 이용하였는지는 알 수가 없다.

우리들이 흔히 사용하는 전지의 원형(proto-type)이 발명된 것은 18세기 말 이후로, 이것도 꽤 오랜 역사를 가졌다고 할 수 있겠다. 이렇게 긴 역사를 가진 전지 중에서 가장 최신의 것이, 이제부터 다루고자 하는 테마인 '리튬이온전지'이다. 리튬이온전지가 구체적으로 어느 곳에 사용되는가를 소개하기 전에, 리튬이온전지란 어떠한 전지인가에 대하여 간단히 이야기해 보겠다.

현재 실용화된 전지의 절반은 [그림 1-1]에 표시된 바와 같이 4종류로 분류된다.

첫 번째 분류축은 1차 전지와 2차 전지이다. 1차 전지는 한 번 사용하고 나면 재사용이 안 되는, 일회용 전지이다. 일반적으로 사용하는 건전지를 떠올리면 이해가 쉬울 것이다. 이에 반해 2차 전지란, 한 번 사용한 후에도 충전에 의해 재사용이 가능한 전지를 말한다. 휴대전화의 등장으로 가정에서 충전을 하는 것이 당연시되었는데, 이렇게 '충전하면 사용할 수 있는' 전지가 2차 전지이다.

두 번째 분류축은 전해액이다. 전해액은 전지로부터 전기가 발생되기 위해서 반드시 필요한 재료이다. 이 전해액에 포함된 이온이 전하를 운반하는 역할을 하여 전도성을 띠게 되는데, 이 부분의 구조에 대해서는 이후에 상세하게 설명할 예정이다. 여기에서는 전해액이라는 것이 있다는 것과, 그것이 상당히 중요하다는 것만 기억하면 좋겠다.

[그림 1-1] 전지의 분류

	수계 전해액	비수계 유기전해액 (고에너지 · 고용량 · 고전압)
1차 전지 (재사용 불가)	· 망간 건전지 · 알카리 건전지	금속리튬전지
2차 전지 (충전 재사용)	· 납축전지 · 니카드전지 · 니켈수소전지	리튬이온전지(LIB*)

*Lithium Ion Battery

오래전부터 대부분의 전지는 이 전해액의 용매로 물을 이용하여 왔다. 이것을 수계 전해액이라 한다. 앞서 예로 든 일반적인 건전지는 수계 전해액을 사용하고 있으므로, 수계 1차 전지가 된다. 수계 전해액을 사용하며 충전 가능한 2차 전지로는, 납축전지, 니켈카드뮴전지(니카드전지), 니켈수소전지 등이 있다.

물은 염을 잘 녹여서 용해된 이온이 빠르게 움직이므로, 전해액의 용매로서 이상적이었다. 이 때문에 용매로서 물을 사용한 것이다. 그렇지만 이 수계 전해액에 치명적인 문제점도 있었다. 물이라는 화합물이 1.5V(볼트)보다 큰 전압이 걸리면 수소가스와 산소가스로 전기 분해 된다는 것이다. 이는 전지의 소형·경량화의 족쇄가 되기 때문에 치명적인 문제점이 된다. 전지를 소형·경량화하려면, 전지의 기전력(전압)을 높게 할 필요가 있다. 그런데 전해액으로 물을 사용하면 전압을 1.5V 이상 높게 할 수 없으므로, 수계 전해액을 사용한 전지의 소형·경량화에는 한계가 있는 것이다.

이를 해결하기 위해서 제안된 것이 비수계 유기 전해액이다. 물이 아닌 유기 용매를 전해액으로 사용하기 때문에, 약 5V까지 고전압을 견디는 것이 가능하게 되었다. 이 비수계 전해액을 사용한 전지가 최초로 실용화된 것은 1970년대 초반이다. 금속리튬을 음극(마이너스 극)의 재료로 사용한 기전력이 약 3V인 1차 전지로서, 이것에 의해 1차 전지의 소형·경량화가 실현되었다.

하지만 문제는 2차 전지였다. 2차 전지의 소형·경량화를 목표로 한 비수계 2차 전지의 연구 개발이 활발히 이루어졌지만, 상품화까지는 상당히 어려움을 겪었다. 어려움을 극복하고 상품화에 성공한 것이, 종래 수계 전해액의 3배에 해당하는 4V 이상의 기전력을 가진 리튬이온전지였다.

리튬이온전지의 특징

리튬이온전지가 가진 특징과 메리트를 이해하기 위하여, 먼저 간단하게 리튬이온전지의 구조를 살펴보자.

리튬이온전지를 전문적으로 정의하면, '카본(carbon) 재료를 음극 활물질로 하고, 리튬이온 함유 전이금속 산화물(코발트산 리튬 등)을 양극 활물질로 하는 비수계 전해액 2차 전지'이다.

무언가 어렵게만 느껴질 수도 있지만, 사실 그렇지 않다. '카본'은 우리가 잘 아는 숯이나 연필심이고, '코발트산 리튬'은 금속산화물의 한 종류로 세라믹의 한 종류라고 생각하면 되겠다. 그 카본을 음극('활물질'이라는 단어에 대해서는, 뒤에서 설명할 것이다)으로, 코발트산 리튬을 양극(플러스 극)으로 사용한 비수계의 2차 전지인 것이다.

전지에 있어서 가장 기본적인 요소는 이 양극 재료와 음극 재료의 조합이다. 리튬이온전지의 큰 특징 중 하나가, 음극 재료로서 카본 재료를 사용했다는 것이다. 이때까지 건전지 등에서 카본 재료를 사용해 왔지만, 그것은 어디까지나 전도성을 부여하기 위한 보조 재료로서의 이용이었고, 전지반응에 직접적인 기능을 하는 것은 아니었다. 그런데 리튬이온전지에서는 카본 재료 자체가 음극 재료로서 기능을 하였고, 이러한 점에서 최초의 전지라 할 수 있는 것이다.

리튬이온전지의 또 다른 중요 기술 요소는, 양극 재료에 리튬이온 함유 전이금속 산화물(코발트산 리튬 등)을 이용한 점이다. 앞서 설명한 것과 같이 양극에 포함된 리튬이온이 전하를 운반하는 중요한 역할을 하고 있으므로, 리튬이온을 함유한다는 것은 중요한 부분이다. 그리고 리튬이온 함유 전이금속 산화물을 양극으로 사용하여, 4V 이상의 기전력을 발생시키게 되었다.

그럼 리튬이온전지가 전지로서 기능을 하는 구조를 나타낸 〔그림 1-2〕를 보면, 전지의 구조 중에서 왼쪽이 양극, 오른쪽이 음극이 된다.

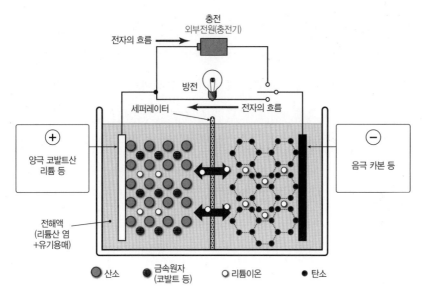

충전
외부전원(충전기)

전자의 흐름

방전

세퍼레이터

전자의 흐름

(+)
양극 코발트산
리튬 등

(−)
음극 카본 등

전해액
(리튬산 염
+유기용매)

● 산소   ◐ 금속원자
(코발트 등)   ○ 리튬이온   ● 탄소

[그림 1-2] 리튬이온전지의 구조

전지를 충전하면, 양극에 포함된 리튬이온이 음극의 카본 재료 안으로 들어간다(이온이 층상 구조를 가지는 재료의 내부로 들어가는 것을 '층간 삽입 반응'이라고 한다). 거꾸로 방전을 하면 리튬이온이 음극 카본의 밖으로 빠져나간다(밖으로 빠져나가는 것을 '층간 탈리 반응'이라고 한다). 이러한 리튬이온의 움직임에 의해 전자가 흐르게 되는 것이다. 여기에서 중요한 것은 리튬이온전지 내에서 일어나는 반응에 화학 반응이 아닌, 리튬이온의 삽입·이탈 반응만 있다는 것이다.

지금까지의 전지는 전기를 만들 때에 화학 반응을 수반했다. 상세 구조는 제3회에서 이야기할 예정인데, 이 화학 반응에 의해 전기가 생기므로 '화학전지'라고 부른다(그 외에 '물리전지'라고 하는 것이 있다). 전지에서 사용되는 화학 반응은 전기를 발생시키지만, 동시에 좋지 않은 현상도 일으킨다. 이것을 '부반응'이라고 하는데, 싸이클 수명(충전·방전을 반복하는 것이 가능한 횟수)을 짧게 만드는 원인이 되기도 한다.

리튬이온전지는 원리적으로는 화학전지의 한 종류이지만, 전기를 발생시킬 때는 화학 반응을 이용하지 않는다. 이것이 리튬이온전지의 중요한 특징이며, 이 때문에 충전과 방전을 반복해도 화학 반응에 의한 부반응이 없고, 싸이클 수명을 큰 폭으로 늘리는 것이 가능하다. 거기다 화학 반응성이 높은 금속리튬이 아닌 안정된 리튬이온만이 기능을 하기 때문에, 안전성도 비약적으로 높아지게 되었다.

지금까지 설명한 리튬이온전지의 특징을 정리하면 다음과 같다.

1. 소형·경량
2. 4V 이상의 높은 전압
3. 대 전류 방전 가능
4. 뛰어난 싸이클 수명
5. 실사용이 가능한 수준의 안전성

이 중에서 최대의 특징이라 할 수 있는 것은 소형·경량인데, 어느 정도 소형이면서 경량인지를 다른 전지와의 비교를 통해 살펴보도록 하겠다.

소형이라는 것은 '동일한 전기를 넣을 수 있는 부피가 작다'는 것으로, 이는 '체적 에너지 밀도[체적 1리터의 전지에 축적할 수 있는 전력량. 단위는 Wh/L (와트아워 퍼 리터)]'로 표시할 수 있다. 경량이라는 것은 '동일 전기를 넣는 데 필요한 무게가 가볍다'는 것으로, 이는 1킬로그램 중량의 전지에 축척할 수 있는 전력량을 나타내는 '중량 에너지 밀도[단위는 Wh/kg(와트 아워 퍼 킬로그램)]'로 표시 가능하다. 리튬이온전지의 체적 에너지 밀도와 중량 에너지 밀도를 다른 2차 전지와 비교하면, [그림 1-3]과 같다.

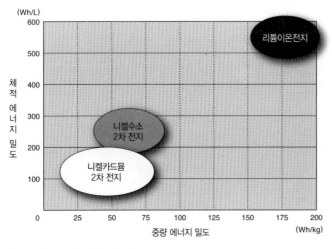

[그림 1-3] 2차 전지 에너지 밀도의 비교

또 두 번째 특징인 전압을 보면, 수계 전해액 전지가 1.2V인 것에 비하여 리튬이온전지의 전압은 4V 이상으로, 3배 이상이다. 리튬이온전지의 높은 전압은 각 분야에서 커다란 이점으로 이어진다. 예를 들어, 휴대전화나 스마트폰에서 리튬이온전지 하나로 전원설계가 가능하다. 반면 1.2V의 전압밖에 되지 않는 니켈카드뮴전지, 니켈수소전지는 3~4개를 직렬로 연결하여 사용해야 한다. 이처럼 전지 하나로 전원설계가 가능한 것은, 아주 큰 이점이 되는 것이다.

리튬전지는 어떻게 사용되고 있나?

지금까지 본 것처럼 리튬이온전지는 대단히 우수한 전지이지만, 그렇다고 어디에든 리튬이온전지를 사용하는 것이 좋다는 것은 아니다. 각 전지에는 각각의 이점과 적합한 사용법이 있는 것이다.

우선, 1차 전지는 전지 1개당 가격이 저렴하다는 것과 충전기가 불필요하다는 것이 이점이라 할 수 있다. 한편, 2차 전지는 충전을 통해 몇 번이고 반복해서 사용할 수 있기 때문에 많은 전력사용이 가능하다. 충전 빈도가 많은 기기라면 전지 1개당 가격은 비싸지만, 방전 1회당의 가격은 1차 전지보다도 저렴해진다.

따라서 방전 1회당 지속가능시간이 긴(작은 전류로 긴 시간 사용하는), 예를 들어 시계의 전원 등에는 1차 전지를 사용하게 된다. 반대로 방전 1회당 지속가능시간이 짧은(큰 전류로 한번에 사용하는) 휴대전화와 같은 기기에는 2차 전지가 알맞다. 대략적인 기준으로 방전 1회당 지속가능시간이 100시간을 넘는 경우에는 1차 전지가, 10시간 이내에는 2차 전지가 적합하다고 여겨지고 있다.

수계 전해액과 비수계 전해액에서도 마찬가지이다. 비수계 전해액 전지의 특징은 소형·경량인데, 이 특징이 특별히 요구되지 않는 곳에는 비교적 가격이 싼 수계 전해액 전지를 사용하는 것이 더 낫다. 이와 같이 기존의 전지들은 각자의 용도에 적합하게 사용 분류가 이루어져 있다.

리튬이온전지는 비수계 2차 전지이므로, 소형·경량이면서 방전 1회당의 유지가능시간이 짧은 용도에 적합한 것이다. 그러면 소형·경량이 요구되는 용도에는 어떤 것이 있을까를 생각해 보면, 많은 사람들이 휴대전화나 스마트폰을 떠올릴 것이다. 실제로 휴대전화의 진화와 보급에 리튬이온전지가 커다란 공헌을 해 왔다. 물론 리튬이온전지뿐만이 아니라 다른 여러 가지 부품과 기술의 진보도 있었지만, 그중에서 리튬이온전지가 한 역할은 결코 작지 않을 것이다.

휴대전화의 원점이라 할 수 있는 통신기기는 1985년에 등장하였다. 당시 숄더폰 등으로 불렸는데, 그 이름대로 어깨에 걸쳐서 휴대하는 전화이다. 이는 원래 자동차에 설치하던 거치형 전화를 억지로 휴대용으로 만든 것으로, 무게가 3킬로그램이나 되었다.

현재의 휴대전화로 이어지는 초소형 휴대전화가 발명된 것은 1991년으로, NTT(현 NTT 도코모)가 '무버'를 발매하였다. 이는 제1세대 휴대전화(1G)로서 주로 니켈수소전지가 사용되었고, 극히 일부 시장에만 리튬이온전지가 탑재되어 판매되었다.

이 제1세대 휴대전화는 아날로그 방식으로, IC회로(집적회로)의 구동전압은 5.5V였다. 이것은 1.2V의 니켈수소전지를 사용할 경우, 5개의 전지를 직렬로 설치해야 하는 것이다. 반면 리튬이온전지는 기전력(전압)이 4.2V이므로 2개만 직렬로 설치하면 된다. 이것만으로도 리튬이온전지가 유리했지만, 비용 등의 문제도 있어서 얼마간은 니켈수소전지와 리튬이온전지 모두가 사용되었다.

상황이 크게 변한 것은 휴대전화가 제2세대(2G)로 바뀔 때였다. 제2세대에서는 아날로그 방식에서 디지털 방식으로 바뀜과 동시에, IC회로의 구동전압이 5.5V에서 3V로 낮아지게 되었다. 3V에는 니켈수소전지 3개의 직렬구조가 필요하지만, 리튬이온전지라면 하나로 해결되는 것이다. 전지 하나만으로 전원설계가 가능하다는 것은 상당히 큰 장점이기 때문에 이것을 계기로 휴대전화의 전원은 모두 리튬이온전지로 바뀌게 되었고, 휴대전화 자체의 소형 · 경량화도 단번에 향상되었다.

이후 휴대전화는 제3세대(3G)가 되고 스마트폰이 등장하게 되는데, 여기에서도 4.2V라는 높은 기전력(전압)을 가진 리튬이온전지가 모바일 단말(이동통신)의 진화와 보급에 얼마나 큰 공헌을 했는지 알 수 있다.

2016년 기준으로 리튬이온전지는 소형민생 용도만으로 연간 약 40억 개가 생산·판매되었다. 그중에서 가장 많이 사용된 제품은 역시 스마트폰을 포함한 휴대전화로, 약 18억 개의 전지가 사용되었다. 그 뒤를 이어 노트PC, 테블릿, 게임기, 웨어러블 디바이스, 디지털 카메라 등의 제품들이 상위를 점하고 있다.

이와 같이 20세기 말에 시작된 IT혁명에 동반되어 급속하게 보급된 제품들이 추구한 전지의 모습은, 바로 리튬이온전지의 특징에 딱 맞는 것이었다. 그리고 어느새 우리의 생활 구석구석까지 파고들어 생활 방식을 크게 바꾸었고, 눈 깜짝할 사이에 리튬이온전지를 탑재한 제품들 없이는 우리의 생활이 어려울 정도가 되었다. 이를 통해 리튬이온전지가 주목받는 이유를 충분히 알 수 있을 것이다.

자동차를 바꾸어 가는 리튬이온전지

여기까지 온 리튬이온전지는 한 층 더하여, 다음의 무대를 맞이하고 있다.

리튬이온전지는 상품화된 이후 휴대전화나 노트PC 등의 소형민생 용도 분야를 20년 이상 거치며 시장에서 실적을 쌓아 왔고, 성능 및 신뢰성의 향상, 가격 저하 등이 실현되었다. 이러한 시장에서의 실적을 바탕으로, 이제 리튬이온전지가 '차재 용도 분야'로 진출하기 시작하였다.

자동차와 전기를 말할 때 흔히 먼저 '전기 자동차'를 떠올리는데, 그뿐만이 아니다. 전기 자동차란 전기만을 구동원으로 하는 자동차이지만, 가솔린과 전기를 겸용하는 하이브리드 자동차도 있다. 이들을 모두 포함하여 '차재 용도 분야'라고 이해하면 되겠다.

전원으로 리튬이온전지와 같은 2차 전지를 사용하는 자동차는 다음 3종류로 분류된다.

1. 하이브리드 자동차 (HEV=Hybrid Electiric Vehicle)

동력의 주체는 엔진이지만 발진 시의 어시스트를 모터, 즉 전원으로 시작하고, 감속 브레이크 시에 에너지 회생이 이루어지는 자동차이다. 감속 시의 에너지 회생이란, 감속 시에 모터를 발전기로 사용하여 운동에너지를 전기에너지로 변환시키는 것이다. 거기서 발전된 전기를

2차 전지에 충전하여 사용함으로써 연비효율의 개선을 실현한 자동차이다.

이러한 타입은 탑재 전지가 작아서 EV 주행(엔진을 사용하지 않고, 모터로만 주행)이 가능한 거리는 수 킬로미터 정도로 짧다. 그리고 외부로부터 전기를 충전할 수는 없다. 1997년에 토요타 자동차가 발명한 프리우스, 1999년에 혼다 자동차(혼다기연공업)가 발표한 인사이트가 이 타입의 대표 제품들이다.

또 엔진을 주행하기 위한 동력이 아니라, 발전기를 움직이는 것으로만 사용하는 타입도 있다.

2. 플러그인 전기차 (PHEV=Plug-in Hybrid Electiric Vehicle)

하이브리드 차의 일종이지만 보다 큰 용량의 전지를 탑재하고, EV 주행 거리를 20에서 80킬로미터까지 연장하여, 엔진 주행과 EV 주행을 나누어 사용하는 컨셉의 전기차이다. 전지를 내부 충전만이 아니라, 외부로부터 충전하는 것이 가능하여 플러그인이라고 불린다. 2010년에 미국 GM(제네럴 모터스)에서 발매한 볼트와 2012년 미쓰비시 자동차에서 발매한 아웃랜더-PHEV가 대표적인 예이다.

3. 전기 자동차 (BEV=Battery Electiric Vehicle)

엔진을 탑재하지 않고, 100% 전지와 모터로만 달리는 전기 자동차이다. 2009년에 미쯔비시 자동차에서 발매한 i-MiEV(아이 미이브)와 2010년에 닛산 자동차에서 발매한 리브가 대표 사례이다.

이 3종류의 자동차 중 하이브리드 차에는 니켈수소전지 또는 리튬이온전지가 사용되고 있고, 플러그인 전기차나 전기 자동차에는 대부분 리튬이온전지가 사용되고 있다.

자동차의 배기가스에 대한 규제는 점점 더 엄격해지고 있으며, 제로·에미션 자동차(CO_2 배출이 없는 차)까지 요구되고 있다. 그렇기 때문에 앞으로 플러그인 전기차와 전기 자동차의 중요성은 매우 커질 것이다. 또 그만큼 리튬이온전지에 대한 기대도 커져서, 리튬이온전지가 이들 자동차를 크게 바꾸어 갈 것이라고 생각한다.

전지의 구조

전기가 흐른다는 것은 어떠한 것인가?

지금부터 리튬이온전지 개발 과정 등을 포함한 이야기를 할텐데, 그러다 보면 전지의 구조에 관한 내용을 언급하지 않을 수 없다. 이미 앞에서 말한 이야기에서도 양극이나 음극, 또는 전해액 등의 용어가 나왔다. 앞으로 이야기를 해 나가면서 최소한으로 필요한 설명은 할 예정이지만, 그래도 한번 정리된 형태로 전지의 구조를 설명하는 것이 이해를 도울 것이라 생각한다. 따라서 이번에는 '도대체 전지란 어떠한 물건인가?'라는 것에 대해 간단히 설명하도록 하겠다.

우리는 아주 흔히 "전기가 흐른다"라고 말하는데, 이 '전기가 흐른다'라는 것은 어떤 것일까? 흐르고 있는 '전기'란 무엇일까?

'전기가 흐르고 있다'라고 할 때 실제로 흐르고 있는 것은, 바꾸어 말해 이동하고 있는 것은 바로 전자이다. 전자가 흐르는 것에 의해 에너지가 발생하고, 이 에너지를 사용하여 물건을 움직이거나 발열을 시켜 물건을 따뜻하게 하는 것이다.

우리가 알고 있는 것처럼 전자는 마이너스 전하를 가지고 있다. 마이너스 전하가 이동하는 곳은 당연히 플러스 전하를 가지고 있다. 마이너스 전하는 플러스 전하에 이끌려 당겨지기 때문이다. 즉, 전류란 '마이너스 전하를 가진 전자가 플러스 전하를 가진 플러스 극으로 이동하는 것'이다.

그런데 이를 보고 의문을 가지는 사람이 있을 수 있다. 초등학교 과학 시간에 '전기는 플러스로부터 마이너스로 흐른다'라고 배운 것을 기억하는 사람은 이 사실이 불가사의하게 느껴질 것이다. 이러한 상황은 전자의 흐름에 대해 확실한 것을 알기 이전에, '전기는 플러스로부터 마이너스로 흐른다'라고 정의해 버린 것 때문에 생긴 일이다. 나중에 실제로 전자는 마이너스로부터 플러스로 흐른다는 사실을 알게 되었으나, 이미 '전기는 플러스로부터 마이너스로 흐른다'가 상식이 되어 있었다. 그리고 '전기는 플러스로부터 마이너스로 흐른다'라고 말해도 불편함이 없었기 때문에 이 정의는 그대로 자리 잡았다. 다만 전자가 흐르는 방향이라고 말하는 경우에는 정확하게, '마이너스로부터 플러스로'라고 하는 것이다.

그러면 전자가 이동하는 것은 어떤 것일까? 전자는 원자핵과 함께 원자를 구성하고 있다. 그리고 원자의 상태에 따라서, 또는 원자가 결합하고 있는 화합물이 되었을 때의 결합 방식에 따라서 전자가 원자에서 튀어나와 자유로이 움직이게 된다. 이것을 자유전자라고 하는데, 이 자유전자가 이동하여 전기 에너지가 생기는 것이다.

전지는 어떤 구조로 되어 있을까?

전지의 구조에 대한 이야기를 하기 전에, 먼저 용어 정리를 하고자 한다. 지금까지 '전자는 마이너스 전하를 가지고 있다'는 것을 알기 쉽게 하기 위해, '마이너스 극'(그리고 거기에 대응하는 말로서 '플러스 극')이라는 말을 사용하였다. 그런데 이외에도 같은 부분을 지칭하는 말로, '음극'(대응하는 것은 '양극') 또는 '부극'(대응하는 것은 '정극')이라는 것이 있다. 앞으로는 이를 '양극'과 '음극'으로 통일해서 쓰도록 하겠다.

그럼 전지 구조의 이야기로 되돌아가서, 가장 기본적인 전지인 양극에 구리, 음극에 아연을 사용한 전지를 예로 들어 설명해 보겠다(그림 2-1).

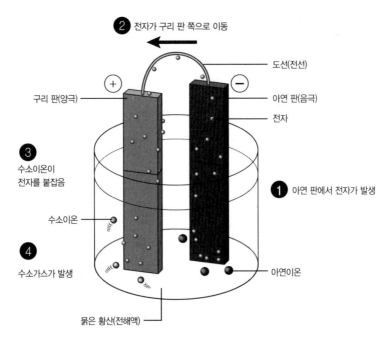

② 전자가 구리 판 쪽으로 이동

도선(전선)

구리 판(양극)

⊕ ⊖

아연 판(음극)

전자

③
수소이온이
전자를 붙잡음

① 아연 판에서 전자가 발생

수소이온

④
수소가스가 발생

아연이온

묽은 황산(전해액)

[그림 2-1] 전지의 구조. 묽은 황산(전해액)에 구리 판(양극)과 아연 판(음극)을 넣어, 도선으로 연결함.

구리 판과 아연 판을 전선으로 연결하여 묽은 황산에 넣는다. 묽은 황산은 앞서 설명했던 전해액이 된다. 이때 양극과 음극이 되는 금속과 전해액 사이에는, 어떤 하나의 규칙이 필요하게 된다. 그것은 '음극 재료는 전해액에 잘 녹는 금속으로 하고, 양극 재료는 전해액에 녹기 어려운 금속을 사용한다'라는 것이다. 예로 든 전지의 경우, 아연은 묽은 황산에 잘 녹을 수 있고 구리는 거의 녹지 않는다.

그러면, 묽은 황산에 구리와 아연을 넣으면 어떤 일이 일어날까?

1. 아연이 묽은 황산에 녹는다.

아연이 묽은 황산에 녹으면, 녹은 아연은 이온이 된다. 이온이라고 하는 것은 '전자의 과잉 또는 부족에 의해 전하를 띠는 원자 또는 분자' 이다. 쉽게 말해서 원래의 형체보다 전자가 많거나 적어지는 것인데, 이 경우는 전자의 부족이 일어난다. 즉, 전자가 적은 이온(전자가 적어져서 플러스 전하를 가지므로 '양이온'이라고 한다. 반대로 전자가 많아져서 마이너스 전하를 가지면 '음이온'이라고 한다)이 되어서 묽은 황산에 녹게 되는 것이다.

녹은 아연의 전자가 적어지면, 그 적어진 분량의 전자는 어디로 가는 것일까? 바로 이 '적어진 분량의 전자'가 이동하여 전기에너지가 만들어지는 것이다.

2. 녹은 아연의 분량 만큼의 전자가 구리 쪽으로 이동한다.

아연판에는 녹아 버린 이온의 분량 만큼 전자가 늘어나 있다. 바꾸어 말하면, 전하가 늘어나는 것이다. 그러면 마이너스 전하가 많아지기 때문에 아연이 음극이 된다. 한편, 구리는 대부분 묽은 황산에 녹지 않으므로, 마이너스 전하가 아연보다 훨씬 적어진다. 이것이 양극이다. 그리고 전자는 도선(전선, 외부회로)을 통하여 마이너스 전하가 많은 아연(음극)으로부터, 마이너스 전하가 적은 구리(양극)로 이동한다.

3. 양극 쪽에서 전자를 소비하는 반응이 일어난다.

전해액이 되는 묽은 황산에는 수소이온이 포함되어 있다. 음극의 아연으로부터 양극의 구리판으로 이동한 전자는, 이번에는 이 수소이온과 반응한다. 이 수소이온도 전자가 하나 적은 상태로 존재하기 때문에, 전자가 다가오면 이 전자를 받아들여 보통의 수소, 수소가스로 되돌아가는 것이다.

여기서 잠깐, 궁금한 점이 생기지 않는가? 묽은 황산에는 음극의 아연이 녹은 아연이온도 포함되어 있다. 이온은 전해액을 통해 이동하므로, 양극 가까이에도 아연이온이 존재하게 된다. '거기에 전자가 다가오면 아연이온과 결합하여 아연으로 되돌아가는 것이 아닐까?'라는 의문이 들기도 할 것이다.

하지만 그렇게 되지는 않고, 전자는 수소이온과 반응을 한다. 왜일까? 사실 물질에는 '이온이 되는 힘'이 강한 물질과 약한 물질이 있다. 수소는 아연보다 '이온이 되려는 힘'이 약하기 때문에, 전자가 곁에 오면 반응하여 이온 상태에서 벗어나는 것이다. 이 '이온이 되기 쉬운 정도'를 '이온화 경향'이라고 한다.

전자가 이동하여 모이는 양극에서는 전하가 늘어나지만, 한편 이미 전자가 수소이온과 반응하여 소비되어 버리므로, 다시 양극의 마이너스 전하는 줄어든다. 그렇게 되면 또 음극으로부터 전자가 이동하여

오는 식으로 반복되어 연속적으로 전기가 흐르는 것이다.

많은 사람들이 '전지 안에는 전기가 채워져 있다'는 생각을 가지고 있지만, 실은 전지 안에 전기를 일으키는 재료가 들어 있다. 그 재료를 이용하여 전지 안에서 발전이 일어나는 것이다(전기가 발생하는 것이다).

현재의 전지는 양극, 음극, 그리고 전해액 등 여러 가지 물질이 사용되고 있지만, 기본적으로 같은 원리로 되어 있다. 원리는 같지만, 사용 재료에 따라 성능은 크게 다르다. 그래서 보다 고성능인 것을 찾아서 여러 형태의 전지가 개발되어 왔으며, 리튬이온전지도 그중 하나인 것이다.

성능 부분에 대해 한 가지 더 설명하고 싶은 것이 있는데 전지의 기전력, 바로 전압이다. 앞서 이온화 경향에 대하여 언급하였는데, 이 이온화 경향이 기전력을 정한다.

예를 들어, 앞 27 페이지 '2. 녹은 아연의 분량 만큼 전자가 구리쪽으로 이동한다.'를 살펴보자. 음극의 아연은 묽은 황산에 쉽게 녹기(이온화 경향이 큼) 때문에, 그만큼 전자가 늘어난다. 즉, 마이너스 전하가 큰 것이다('전위가 낮다'라고 표현). 반대로 양극의 구리는 녹기 어렵기(이온화 경향이 작음) 때문에, 전자가 그다지 늘어나지 않는다. 마이너스 전하가 작은 것이다('전위가 높다'라고 표현).

중요한 것은 음극과 양극의 마이너스 전하의 차이, 즉 전위의 차이이다. 이 차이가 적으면 전자의 이동이 적어지고, 이 차이가 크면 전자도 많이 이동한다. 많은 전자가 이동하는 것은 전압이 높은 것이다. 즉, 음극 재료와 양극 재료의 이온화 경향 차이가 클수록(바꾸어 말하면, 묽은 황산에 녹기 쉬운 차이가 클수록) 커다란 기전력을 얻는 것이 가능한 것이다.

한번 쓰고 버리는 전지와 반복해서 사용할 수 있는 전지

이번에는 전지의 수명에 대해 설명하고자 한다. 음극의 금속이 전해액에 녹으면서 전자가 생기는데, 음극 전부가 녹아 버리면 결국 새로운 전자의 공급은 끊어진다. 즉, 전기를 흘리지 않는 것이다. 이것이 앞에서 설명한 1차 전지이고, 1회만 사용하고 버리는 전지이다. 또 다른 전지로 충전을 통해 반복 사용할 수 있는 2차 전지가 있는데, 이 충전은 어떻게 하는 것일까?

2차 전지도 전기를 발생하는(충전과 대조되는 개념으로 방전이라고 함) 원리는 기본적으로 1차 전지와 다르지 않다. 음극으로부터 이동해 온 전자가 양극에서 전해액 중의 이온과 반응하여 소비되면서 전자가 흐르게 되는 것이다. 앞의 예에서는 양극에서 이동하여 온 전자가 수소이온과 반응하여 수소가스가 되었다. 그런데 설명을 쉽게 하기 위해 〔그림 2-2〕에서는 구리이온과 반응하는 것으로 하겠다(실제 그러한 전지도 있다).

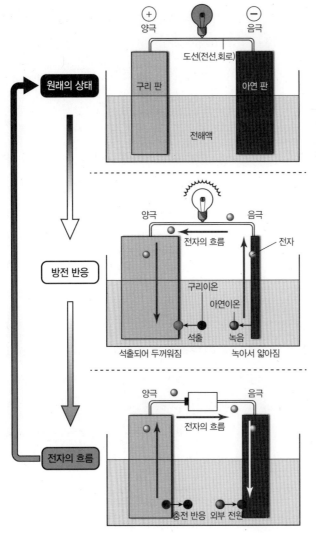

内のテキスト：

양극 (+)
음극 (−)

도선(전선,회로)

원래의 상태

구리 판

아연 판

전해액

양극

음극

전자의 흐름

전자

방전 반응

구리이온

아연이온

석출

녹음

석출되어 두꺼워짐

녹아서 얇아짐

양극

음극

전자의 흐름

전자의 흐름

충전 반응   외부 전원

[그림 2-2] 충전지의 구조

전자가 구리 이온과 반응하면, 금속 구리가 된다(이것을 '석출'이라 한다). 그렇게 되면 원래부터 있었던 양극의 구리 판에 석출로 인한 구리가 더해져, 구리가 늘어나게 된다. 이 전지는 음극의 아연은 녹아서 줄어들지만, 양극의 구리는 거꾸로 증가하는 것이다. 즉, 이 전지를 계속 사용하면 음극의 아연은 점점 가늘어지고, 반대로 양극의 구리는 점점 두꺼워진다. 그리고 음극의 아연이 모두 녹아 버리면 발전을 위한 화학 반응이 끝나서, 방전이 안 되게 되는 것이다.

사실 충전이라는 것은 방전을 역으로 하는 것이다. 역으로 즉, 거꾸로 하는 것이란 전기를 반대쪽으로 흘려 전자를 양극으로부터 음극으로 이동시키는 것이다. 전기를 반대쪽으로 흘리면 어떤 일이 일어날까? 그렇게 되면 방전과는 반대의 화학 반응이 일어난다. 예를 통해 설명하면, 구리를 전해액에 녹여서 생긴 전자를 양극에서 음극으로 이동시키고, 음극에서는 그 전자를 아연이온과 반응시켜 아연을 석출시키는 것이다. 그러면 이번에는 구리가 가늘어지고 아연이 두꺼워져서, 결국 방전 전의 최초 상태로 되돌아간다. 처음과 같은 상태이므로, 방전이 또 가능해지는 것이다.

이 반대 방향의 화학 반응은 자연적인 반응이 아니므로, 이를 일으키기 위해서는 에너지가 필요하다. 이 에너지는 외부 전원으로부터 들어온 전기 에너지를 사용하게 된다. 즉, 콘센트로 연결하여 전기 기기를 충전하는 것은 이 에너지를 얻기 위한 것이다.

지금까지의 설명을 보고, '음극의 아연이 전부 녹아 버리면, 충전하여도 회복 안 되는 것이 아닌가?'라는 생각을 하는 사람도 있을 것이다. 실제로는 음극 물질이 모두 녹기 전에 전해액이 묽어져서 기전력이 낮아지므로, 음극 물질이 모두 없어지지는 않는다. 또 충전에 의해 전해액 농도도 원래로 돌아가기 때문에 최초와 같은 방전이 가능해지는 것이다.

전혀 다른 원리의 전지

지금까지 설명한 전지는 물질의 화학 반응을 사용하여 전기를 만들어 내기 때문에 '화학 전지'라고 부른다. 한편, 이것과는 전혀 다른 원리로 전기를 생성하는 전지도 있다. 가장 일반적이고, 우리 생활에 깊이 관계된 것은 태양전지(솔라 셀)이다. 이는 태양 에너지를 직접 전기로 변환시키는 것인데, 광 에너지라는 물리 에너지를 사용하여 '물리 전지'라고 부른다.

물리 전지에는 원자력전지라는 것도 있다. 이것은 방사성 원소의 원자핵 붕괴로 발생되는 에너지를 전기로 변환시킨 것이다. 전지에 원자력이 쓰인다고 하니 꽤 과장된 듯한 느낌도 있고, '도대체 어떤 곳에 사용될까?'라고 생각할 수도 있는데, 이 전지는 우주탐사선의 전원으로 사용되고 있다.

이들 물리 전지는 각각의 원리가 다르고, 이 책에서는 오로지 화학 전지인 리튬이온전지에 관한 것을 설명하고 있으므로, 물리 전지에 대해서는 더 이상 언급하지 않겠다. 우리가 생활하면서 사용하는 전지의 대부분이 화학 전지이고, 보다 편리한 고성능의 화학 전지를 만들기 위해 여러 연구가 진행되어 왔고, 현재도 이어지고 있다는 것을 알아주길 바란다. 그리고 다음 세대 자동차의 동력원으로 연구되고 있는 연료 전지도 화학 전지라는 사실을 덧붙인다.

물에 전기를 흘리면 수소와 산소로 나누어진다. 이를 물의 전기분해라고 하며, 초등학교 과학 실험에서 경험해 본 사람도 많을 것이다. 연료 전지는 이 물의 전기분해라는 화학 반응을 반대로 한 것이다. 반대의 반응이란 '수소와 산소를 합치는 것으로 물과 전기를 만든다'는 것으로, 이 전기로 자동차를 움직이게 한 것이 FCV(Fuel Cell Vehicle, 연료 전지 자동차)이다.

지금까지 화학 전지의 원리에 대하여 알아보았다. 다음에는 화학 전지가 어떻게 진화하여 왔는지, 화학 전지의 역사에 관하여 이야기해 보도록 하겠다.

전지의 역사

세계 최초의 전지

제1회에서 '세계 최초의 전지는 바그다드 근교의 메소포타미아 시대 유적에서 발굴되었다.'라고 이야기하였는데, 보다 정확하게 말하면 '전지가 아닐까라고 생각되는' 초벌구이 항아리이다. 실제로 이 항아리에서 미약한 전기를 발생시키고, 그 전기로 금도금이 가능한 것이 확인되었다. 이 때문에 '당시의 사람들이 도금을 할 때에 사용한 것이 아닐까?'라고 추측하고 있지만, 확실한 것은 알 수 없다.

현재의 전지로 이어지는 화학 전지의 원형이 된 것은, 이탈리아의 물리학자이며 과학자인 알렉산드로 볼타가 1800년에 발명한 볼타전지이다. 전압의 단위인 볼트가 그의 이름에서 유래한 것을 알고 있는 사람도 있을 것이다. 제2회에서 설명했던, 구리와 아연을 묽은 황산에 넣어서 전기를 발생시킨 장비가 바로 볼타전지이다(그림 2-1).

그런데 이 볼타전지에는 몇 가지 결점이 있었다. 그중 큰 문제점은 전압이 금방 내려가 버리는 것이었다. 볼타전지는 음극의 아연이 전해액인 묽은 황산에 녹으면서 생성된 전자가 양극으로 이동하여 수소이온과 반응하는 것인데, 문제는 수소이온과 반응하여 생성된 수소가스가 양극인 구리 표면에 부착되는 것이었다. 구리의 표면에 수소가스가 부착되면, 그만큼 구리와 전해액이 접촉하는 면적이 감소한다. 구리와 전해액의 접촉 면적이 줄어든다는 것은, 구리에 있는 전자와 전해액 중의 수소이온이 만날 기회가 줄어드는 것을 의미한다. 즉, 전자와 수소이온의 반응 자체가 줄어드는 것이다.

더 곤란한 문제는, 수소는 구리보다 이온화 경향이 커서 구리와 수소가 부착되어 있는 상황에서는 구리를 양극, 수소를 음극으로 하는 '국소적인 전지'가 만들어진다는 것이다. 이것은 전지 전체로 보면 '전자가 양극으로부터 음극으로 역류하는' 것과 같은 현상이다(분극이라고 함). 이 때문에 전지의 전압이 크게 저하하는 것이다.

이외에도 전지의 수명 자체가 1시간밖에 되지 않는 것과, 전해액인 묽은 황산이 위험한 액체인 것도 문제였다. 이렇듯 볼타전지에는 여러 가지 문제점이 있었지만, 그럼에도 불구하고 볼타전지는 당시에 연금술이라고 불리던 화학에 일대 혁명을 가져왔다. 영국의 과학자 카라일과 니콜슨은 볼타전지를 이용하여 최초로 물을 전기분해 하는데 성공하였고, 물을 전기분해하면 수소와 산소가 발생한다는 것을 확인하였다. 또한 데이비는 볼타전지로 용융염을 전기분해하여 칼륨(K), 나트륨(Na), 바륨(Ba), 스트론튬(Sr), 칼슘(Ca), 마그네슘(Mg) 등의 금속을 최초로 얻었다. 데이비의 제자 패러데이는 전기분해에 의해 생성되는 물질의 양이 흘려준 전기량에 비례한다는 '전기분해의 법칙'과 시간에 따른 자기장의 변화에 의해 전류가 생성된다는 '전자기 유도 법칙'을 발견했다. 아울러 독일의 과학자 옴은 전류는 전압에 비례하고 전기 저항에 반비례한다는 '옴의 법칙(전압 = 전류×저항)'을 발견했다. 이러한 발견은 볼타전지 없이는 있을 수 없던 것이었다. 이처럼 볼타전지의 발명은 근대화학의 발전에 크게 공헌했다. 한편으로 볼타전지가 가진 근본적인 문제점을 개선하기 위한 노력도 병행하여 전행되었고 여러 가지 개선이 이루어지게 되었다.

볼타전지의 가장 큰 문제점인 전압이 내려가는 문제를 방지하기 위해서는, 수소가스가 구리 표면에 들러붙는 것을 막을 필요가 있었다. 이를 위해서 보다 효과적인 방법이 전자를 수소이온 이외의 이온과 반응시키는 것이었다. 수소이온 이외의 이온과 반응하면, 애초에 수소가스가 발생하지 않게 된다.

수소이온 이외에 전자와 반응하는 이온이라면, 가장 먼저 생각나는 것이 양극 재료인 구리이온이다. 전해액을 묽은 황산에서 황산구리 수용액으로 바꾸면, 전자는 수소보다 이온화 경향이 낮은 구리이온과 반응한다. 이로써 전자가 수소이온과 반응해서 발생했던 문제가 해결된 것이다.

그러면 전해액을 묽은 황산에서 황산구리 수용액으로 바꾸면 다된다고 생각할 수 있지만, 그렇게 간단한 일이 아니다. 안타깝게도 황산구리 수용액은 아연 음극에는 사용할 수 없는 것이다. 왜냐하면 단순히 묽은 황산을 황산구리 수용액으로 바꿀 수 없는 문제를 어떻게 해결하면 좋을까?

이를 해결한 것이 영국의 존 프레드릭 다니엘이다. 그 해결법은 단순하다고 하면 단순하고, 대단하다고 하면 대단한 것이었다. 그는 '양극의 구리와 음극의 아연에 적합한 전해액이 다르다면, 양극과 음극에 별도의 전해액을 사용하면 되지 않을까?'라고 생각했다. 그래서 1836년에 양극의 전해액으로 황산구리 수용액을, 음극의 전해액으로 황산아연 수용액을 사용하여, 그 두 가지가 섞이지 않도록 질그릇 용기로 나눈 전지를 개발하였다(그림 3-1).

질그릇을 용기로 사용한 데에는 이유가 있었다. 전해액이 섞이는 것은 곤란하지만, 완전히 차단되어도 안 되는 것이기 때문이다. 완전히 차단할 경우 길이 이어지지 않은 막다른 골목처럼, 전지로서 기능을 할 수 있는 연결 회로가 끊어지게 된다. 전기가 계속적으로 흘러갈 수 없는 것이다. 전지를 회로로서 연결하여 전기가 흐르게 하려면, 전자의 운반 수단인 이온이 전해액 사이를 왔다갔다할 수 있어야 한다.

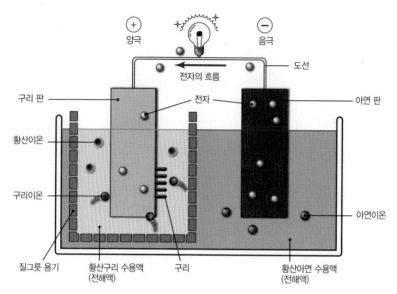

[그림 3-1] 다니엘 전지의 원리. 양극 쪽에 구리가 석출된다.

질그릇 용기에는 사실 작은 구멍이 있었다. 이 작은 구멍은 전해액은 섞이지 않지만 특정 이온(수소 이온)은 통과하는 것이 가능하다. 구체적으로 설명하자면, 질그릇 용기의 작은 구멍을 아연 이온과 구리 이온은 통과하지 못하지만 수소 이온은 통과할 수 있으며, 수소 이온이 음극으로부터 양극으로 이동하는 것에 의해 양극과 음극에서의 전하 균형이 유지되며 회로가 연결되어 전지로서 기능을 하게 되는 것이다.

이 다니엘 전지의 발명으로, 안정된 전압으로 사용할 수 있는 실용적인 전지가 처음으로 등장하였다. 앞서 충전 과정을 설명한 부분에서, 방전 시에 음극의 전자가 양극에서 구리이온과 반응하는 전지를 예로 들었었다. 바로 이 다니엘 전지가 그러한 경우인데, 이 전지는 1차 전지로 충전은 되지 않는다.

건전지로의 길

볼타 전지의 문제점이 다니엘 전지에서 대폭 개선되었지만 다니엘 전지에도 결함이 있었다. 장시간 사용하면 전압이 하강해 버릴 뿐만 아니라, 손질도 번거로웠다.

그래서 1866년 프랑스의 조르쥬 르크랑제가 양극에 구리가 아닌 이산화망간이 혼합된 탄소봉을, 전해액으로 염화암모늄 수용액을 사용한 전지를 만들었다. 르클랑셰 전지라고 불린 이 전지는 장시간 사용에도 견디었기 때문에 전기통신 등의 분야에 사용되었지만, 개량의 여지 또한 남아 있었다. 전해액인 염화암모늄 수용액은 황산과 같은 위험한 액체는 아니었지만, 누액과 금속 부분을 부식시켜 버리는 문제가 있었던 것이다.

이 누액 문제를 해결하기 위해 전해액을 액체 그대로가 아니라, 종이에 적셔서 사용하는 전지의 개발이 시작되었다. 이것이 우리도 잘 알고 있는 건전지이며, 르클랑셰 전지는 현재 우리가 사용하고 있는 망간 건전지의 원형이 되었다.

1880년대 후반에 들어서는 건전지의 개발이 더 활발히 이루어졌다. 세계 최초로 건전지를 만든 사람은 독일의 칼 가스너라고 알려져 있다. 그는 1887년 미국에서 특허를 취득하여, 다음해부터 생산을 개시하였다. 그런데 거스너가 미국 특허를 취득한 1887년에, 일본의 야이 사키조우라는 사람도 르크랑제 전지의 전해액을 섬유 천에 적셔서 누액을 방지한 건전지를 만들고 있었다.

야이 사키조우의 건전지야말로 세계 최초의 건전지라는 주장도 있지만, 안타깝게도 세계적으로 인정되지는 못하고 있다. 야이가 자금이 부족했던 관계로 특허 취득이 늦었기 때문이다. 야이가 일본에서 특허를 출원한 것은 1892년이었는데, 이는 일본에서 건전지와 관련된 첫 번째 특허(특허 1호)도 되지 못하였다.(그렇지만 야이가 전지의 발전에 크게 기여한 것은 100년 이상의 시간이 지난 2014년에, 미국전기전자학회에서 인정되었다고 한다.)

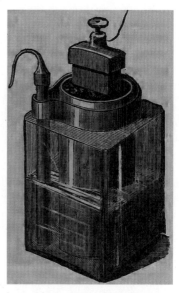

[그림 3-2] 르크랑제 전지. 후일 이 전지와 동일한 화학 반응을 이용한 건전지가 제조되었다.
출처: https://blog.naver.com/angling_man/220126584349

또 덴마크의 헤렌센이 거스너와 야이보다 먼저 건전지를 만들었다는 설도 있는데(헤렌센의 특허 취득은 1888년), 어찌되었든 세계 각지에서 가지고 다닐 수 있는 안전한 전지(건전지)가 경쟁하듯 개발되고 있었다는 사실은 분명하다.

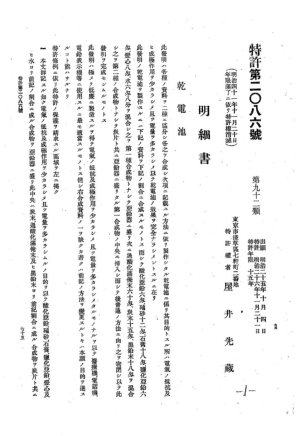

[그림 3-3] 1893년, 야이 사키조우가 전년에 출원한 특허가 정식으로 등록되었다.(자료 제공: 전지공업회)

우리가 알고 있는 건전지에는 망간전지와 알칼리전지가 있는데, 이 망간과 알카리는 무엇을 가르키는 것일까?

망간 건전지는 양극에 이산화망간이 혼합된 탄소봉, 음극에 아연을 사용하고 있다. 그런데 양극의 탄소는 전기를 발생시키기 위한 화학 반응에는 관여하지 않는다. 화학 반응을 통해 전자를 주고받는 일에 관여하는 물질을 '활물질'이라고 하는데, 망간 건전지는 이산화 망간을 양극의 활물질로 사용하고 있다. 이 활물질인 이산화 망간이 '망간 건전지'라는 이름의 유래가 되는 것이다.

그러면 알칼리전지는 이산화 망간 대신 알칼리(?)를 사용하고 있는 것이라 생각할 수 있지만, 그렇지 않다. 알칼리전지는 정식으로(JIS 명칭으로) '알칼리망간전지'라고 한다. 양극 재료는 탄소봉, 양극 활물질은 이산화 망간, 음극 재료가 아연이라는 것은 망간 건전지와 다르지 않다. 하지만 전해액으로 알칼리성 수산화 칼륨 수용액을 사용하고 있기 때문에, '알칼리'라는 단어가 붙게 된 것이다.(망간 건전지의 일반적인 전해액으로 사용되는 염화아연 수용액은 산성이다.) 이외에도 망간전지와 알칼리전지는 각 재료나 형태, 전지의 구조 등에서도 차이가 난다.

리튬전지의 등장

현재는 거의 모든 1차 전지가 건전지가 되었다. 가장 일반적인 원통형의 건전지뿐만 아니라, 버튼형이나 코인형과 같이 다양한 형태를 가진 건전지가 탄생하였다. 그리고 망간 건전지나 알칼리 건전지 외에도, 니켈 건전지, 옥시라이트 건전지, 산화은 건전지, 산화수은 건전지 등도 생겼다. 단, 손목시계 등에 사용되는 산화은 건전지 이외의 건전지들은 현재 대부분 제조 중지되었다.

이런 와중에 등장한 것이 리튬전지이다. 리튬전지는 음극에 금속 리튬을 사용한 1차 전지인데, 이 책의 테마인 리튬이온전지와는 별개의 것이다. 리튬전지는 고성능이면서도 소형·경량으로, 리모컨이나 시계 등의 소형 전자 기기를 중심으로 사용되고 있는 전지이다.

리튬전지에는 양극으로 사용하는 재료에 따라 여러 종류가 있다. 음극에는 금속 리튬을 공통적으로 사용하며, 양극에는 이산화 망간이나 불화 흑연, 염화 티오닐, 산화구리 등의 다양한 재료를 사용하고 있다. 이 중 가

[그림 3-4] 리튬전지. 원통형(위)부터 코인형(아래)까지 사용 목적에 따라 여러 가지 형태가 있다.
출처: https://blog.naver.com/usingideal (왼쪽)
출처: https://blog.naver.com/deckhousekim/221994374290 (오른쪽)

장 많이 보급되어 있는 것이 이산화 망간을 양극으로 한, 이산화 망간 리튬전지이다.

리튬전지의 최대 특징은 전압이 높다는 것인데, 망간전지와 알칼리전지의 약 2배인 3V가 된다. 리튬은 금속 중 최대의 이온화 경향을 가지고 있다. 앞서 이온화 경향에 대해 설명했듯이, 이온화 경향이 크면 금속이 전해액에 많이 녹고, 그만큼의 전자가 발생한다. 즉, 양극과의 전위차가 커져서 높은 전압이 얻어지는 것이다.

그리고 리튬은 가장 가벼운 금속이기도 해서, 중량당 에너지 밀도는 자연히 크게 된다. 더구나 건전지에서는 사용하지 않아도(전자 기기에 접속하지 않아도) 방전해 버리는 자기방전이라는 현상이 일어나는데, 이 자기방전이 적고 수명이 길다는 것도 리튬전지의 큰 장점이다.

2차 전지의 진화

지금까지 1차 전지의 역사를 되돌아 보았는데, 충전하여 몇 번이고 사용이 가능한 축전지(2차 전지)의 개발도 상당히 오래 전부터 이루어져 왔다.

최초로 축전지를 발명한 사람은 프랑스의 거스통 플랑떼이다. 양극에 이산화 납, 음극에 납, 전해액으로는 묽은 황산이 사용되었다. 이 납축전지가 만들어진 것은 1859년이므로, 건전지의 원형이 된 르클랑셰 전지보다 더 오래된 것이다. 그리고 이 가장 오래된 축전지는 현재에도 가장 많이 사용되는 축전지이기도 하다.

우리는 처음 '축전지'라는 말을 들으면 어떠한 전지를 떠올릴까? 아마 많은 사람들이 떠올리는 것은, 자동차의 배터리가 아닐까 싶다. 차 엔진을 시작으로 헤드라이트나 브레이크 램프, 네비게이션, 파워 윈도우 등 자동차에서 전기를 사용할 수 있는 것은 이 전지로부터 전력을 얻기 때문이다. 바로 이 배터리(전지)가 납축전지이다.

납축전지가 지금까지 자동차용 배터리로서 긴 시간 사용되어 온 것은 재료인 납의 가격이 싸다는 점과, 세세한 개량이 축적되어 제품으로서 신뢰성이 높아졌다는 점 때문이다. 납축전지는 크고 무거운 전지이지만, 자동차용은 어차피 자동차에 싣고 다녀 사람이 들고 다니지 않으니 그다지 크기나 중량을 신경쓰지 않는다는 점도 있다.

[그림 3-5] 오른쪽부터 납축전지, 스마트폰용 리튬이온전지, 니켈수소전지와 그 충전기
출처: https://cafe.naver.com/power sos (왼쪽)
출처: https://blog.naver.com/munkyukang (가운데)
출처: https://cafe.naver.com/joonggonara (오른쪽)

납축전지에 이어서 실용화된 것은 니켈 카드뮴 축전지인데, 약칭으로 니카드전지라고 불린다. 이 전지는 음극 활물질에 카드뮴, 양극 활물질에 옥시 수산화 니켈을 사용하였고, 1899년에 스웨덴의 융그너가 발명했다고 되어 있다.

전압은 건전지와 거의 같은 1.2V로 납축전지보다 낮지만, 이 전지에는 가볍다는 큰 특징이 있다. 부피 기준, 중량 기준 어느 것으로나 에너지 밀도가 납축전지의 2배였다. 이 때문에 로켓이나 인공위성 등의 우주 용도로 주로 사용되었다.

이 니켈카드뮴전지는 충전 시에 전지 내부에서 발생하는 가스에 의해 내압이 올라가거나, 용기가 파열될 가능성이 있다는 결점도 있었다. 하지만 1948년에 프랑스의 노이만이 해결 방법을 고안하여 일반적인 실용화가 이루어졌다. 그리하여 전동 공구나 비디오 카메라, PC의 전원으로 사용되기 시작하였다.

1980년대가 되면서, 우주 용도에 있어서 니켈카드뮴전지를 대신할 전지가 출현하였다. 니켈카드뮴전지의 음극을 수소흡장합금으로 교체한, 니켈수소전지이다. 1990년에 일본의 마쯔시타 전지 공업과 산요 전기가 이 전지를 차례차례 양산하였다.

니켈수소전지의 전압은 니켈카드뮴전지와 거의 동일한 약 1.2V이지만, 에너지 밀도는 니켈카드뮴전지보다 2배 이상 더 높았다. 그리고 카드뮴과 같은 유해물질을 포함하지 않아 환경 면에서도 좋은 평가를 받아서 급속도로 보급되었다. 니켈카드뮴전지가 사용된 전동 공구나 PC 용도 등의 배터리가 니켈수소전지로 바뀐 것 이외에도, 건전지를 대신하거나 하이브리드 자동차에 탑재되는 일 등이 진행되었다. 세계 최초의 양산 하이브리드 자동차인 도요타 프리우스에도 니켈수소전지가 사용되었다.

'고성능' 2차 전지에 대한 요구

이상으로 전지의 역사, 현재까지 어떤 전지들이 만들어졌는지를 살펴보았다.

여러 전지 중에서 가장 이온화 경향이 강한 리튬금속을 음극으로 사용한 리튬전지의 기전력(전압)과 에너지 밀도는 매우 출중하다. 리튬 전지는 1차 전지이지만, 이러한 고성능을 가진 소형 · 경량의 2차 전지가 있다면 더욱 편리할 것이라는 점은 누구라도 생각하였을 것이다.

실제로 금속리튬을 사용한 2차 전지도 만들어져 있지만, 안전성 등의 문제가 있어 실용화되지 못하고 있었다. 그래서 계속 추구한 것은 새로운 2차 전지였다. 그 새로운 2차 전지로서 우리가 만든 것이, 이 책의 테마인 리튬이온전지이다.

지금부터는 리튬이온전지의 개발 과정에서 실제로 일어난 에피소드와, 개발을 하면서 우리가 생각하고 느낀 것 등을 이야기해 보려고 한다.

리튬이온전지 개발 비화 ❶
전기가 흐르는 플라스틱

연구개발의 3단계

나는 아사히카세이(일본 동경에 본사를 둔 중견 종합화학회사)에 1972년에 입사하였고, 가나가와 현 가와사끼 시에 있는 한 연구소에 배속되었다. 그 연구소에서 나에게 주어진 직무는, 새로운 제품을 만들기 위한 씨드(씨앗, 기수의 기초가 되는 새로운 아이디어)를 찾아내는 것이었다. 이것은 '탐색연구'라고 불렸다.

새로운 제품의 연구개발에 성공하여 그것을 사업화하기 위해서는, 3개의 단계가 필요하다. 그중 1단계가 바로 이 탐색연구이다. 씨드를 발견한다는 것을 구체적으로 말하면, 지금까지 없는 새로운 물질을 찾아내거나, 알려지지 않았던 화학 반응을 발견하거나, 또는 새로운 현상을 일으키는 소재의 조합을 찾아내는 것 등이다. 그리고 찾아낸 씨드(씨앗)를 새로운 제품으로 키워 나가게 된다.

막연히 '새로운 게 뭐가 있지?'라고 생각하면 찾아지는 것이 아니고, 또 최종적으로는 새로운 제품을 만들기 위한 연구이므로, 거기에는 당연히 니즈(수요, 새로운 기술과 신제품에 대한 요구)가 있어야 한다.

흥미로운 물질이나 기술이 사회적인 니즈를 가진 신제품의 시드가 될지 말지를 조사하는 탐색연구란 기본적으로 혼자서 해야 하는 고독한 일이다. 그리고 이 일은 통상 2년 정도 후에 그 성과를 음미해 보고 평가받게 된다. 그 2년간의 성과에 따라 이어서 연구를 계속할지, 연구의 방향을 바꿀지, 그도 아니면 연구를 그만둘지 판단을 내리게 된다.

여기서 순조롭게 탐색연구의 성과가 인정되면, 두 번째 '개발연구' 단계로 진행된다. 이 개발연구에서는 한층 더 나아가 탐색연구에서 찾아낸 기술과 니즈를 합치시키게 된다.

탐색연구를 마쳤다는 것은 시드와 니즈가 이어질 가능성이 높다고 판단된 것이며, 그것을 실제로 이어 줄 새로운 제품을 만드는 것이 개발연구 단계에서 하는 일이다. 시드와 니즈가 이어졌다고 해도, 그것이 그대로 제품이 되는 것은 아니다. 제품이 되기 위해서는 여러 가지 조건과 기술적인 문제가 발생되고, 제품화를 위해서 그 문제들을 하나씩 해결해 나가야 한다.

또 여기서 생각해야 할 점이 기술적인 것만은 아니다. 회사는 그 신제품을 통해 이익을 내야 하므로, 생산 코스트와 생산성에 대해서도 검증하지 않으면 안 된다.

이 연구개발 단계에서 시드와 니즈가 합치된, 즉 새로운 기술에 대한 사회적인 요구를 가진 제품을 만드는 것이 가능하고, 거기에 생산비용적으로도 상품화가 가능한 것으로 판단되면, 드디어 제품화 및 사업화로 이어진다. 공장이 세워지고 제품이 생산되는 것이다.

그렇다고 여기에서 연구개발이 끝나는 것은 아니다. 여기에서 연구는 '사업연구'라는 세 번째 단계로 이행된다.

사업연구에서 행해지는 것은, 한마디로 마켓(시장)을 만드는 작업이다. 공장의 라인이 가동되어 제품이 만들어져도, 바로 팔리는 것은 아니다. 제품이 만들어진 다음에는 신제품의 의미와 이점, 사용법 등을 세상에 알려야 한다. 이것이 이루어져야 마켓이 가동되는 것이다.

이 탐색연구, 개발연구, 사업연구라는 3개의 단계를 모두 만족시키면, 마침내 연구개발이 성공하게 되는 것이다. 말할 필요도 없겠지만, 이 연구개발이라는 것은 결코 간단하지 않은 것이다. 연구개발이라는 작업은, 예를 들어 시드(연구의 씨앗)라는 실을 니즈(시장의 수요)라는 바늘 구멍에 통과시키는 것과 같다. 게다가 복잡하게도 시드나 니즈가 같은 모양을 하고 있지 않은 것이다.

시드는 조금 다른 조건의 차이로도 그 모양과 성질이 크게 바뀌어 버린다. 한편, 니즈도 사회 상황의 변화와 함께 눈이 어지러울 정도로 변화해 간다. 시드가 추구하는 모습으로 겨우 만들어졌다고 생각한

순간, 이번에는 니즈에 변화가 생겨 시드와 니즈가 맞지 않게 된다. 니즈에 맞추기 위해서 시드를 또 다른 모습으로 바꿔야 하는 일이 당연하게 일어난다. 이렇게 되면 단지 실을 바늘 귀에 통과시키면 된다는 단순한 것이 아니라, 계속 움직이고 변화하는 제트 코스터를 타고 실을 바늘 귀에 통과시키는 것이라고 할 수 있다. 그만큼 어려운 일인 것이다.

리튬이온전지를 목표로 하다

리튬이온전지도 마찬가지로 이러한 연구개발의 3단계를 거쳐 사업화된 것인데, 사실 내게 있어서는 4번째의 탐색연구였다. 즉, 이전에 3개의 탐색연구에 실패하였던 것이다.

내가 처음으로 착수한 탐색연구는 '안전접합 유리용 중간막'이라는 것이었다. 당시 내가 근무하던 연구소에서는 새로운 플라스틱을 개발하고 있었다. 이 기술을 시드로 하여 유리와의 접착성을 높여, 자동차용 안전접합 유리라는 니즈에 연결시키려 하였다. 안전접합 유리란 2장의 유리 사이에 수지를 끼워 넣은 것이다. 자동차의 앞 유리는 깨졌을 때에도 비산되지 않게 되어 있는데, 이것이 접합 유리이다. 그 사이에 삽입할 수지에 개발 중인 새로운 플라스틱을 사용할 수 없을까 하는 연구였다. 그러나 이것은 안타깝게도 2년만에 실패해 버렸다. 원인은 시드의 미완성, 성능부족이었다.

마음을 새롭게 가다듬고 다시 시작한 연구의 테마는 '불연성 고단열성 재료'라는 것이었다. 당시 화제가 되고 있던 '에너지 절약'이라는 사회적 니즈에 맞추어, 단열성이 우수한 불연성의 무기 재료 발포체를 개발하려고 한 것이다. 그러나 이것도 2년만에 보기 좋게 실패했다. 에너지 절약이라는 니즈를 파악한 것은 좋았지만, 가장 필수적인 시드가 따라가지를 못했다.

이 두 가지의 실패로 배운 것은, 이러한 일련의 연구는 시드의 완성도가 높지 않으면 제대로 되지 않는다는 것이었다.

실패를 거듭하여 그야말로 지긋지긋한 기분일 때에 시작한 3번째 탐색 테마는, '일중항 산소를 이용한 새로운 시스템'이라는 것이었다. '일중항 산소'라는 것은 꽤 낯선 단어인데, 산소분자의 한 상태를 말한다.

공기 중의 산소는 보통 삼중항 산소라고 하는 상태로 존재하고 있는데, 이 산소를 특수한 염료와 가시광선으로 활성화시키면 일중항 산소로 변화된다. 이 일중항 산소는 쉽게 말하면 활성산소의 하나로, 수명은 짧지만 상당히 활성이 높다. 이 활성을 이용하여 살균, 오염방지, 물의 정화 등을 하는 새로운 시스템을 개발하는 것이 이 과제의 목표였다. 이 탐색연구는 2년차 때 가능성이 높다는 평가를 받아, 연구를 지속하게 되었다.

　그러나 이 연구는 결국 4년차 때 덧없이 침몰되었다. 일중 산소라고 하는 독창적인 시드에 착안한 것은 좋았지만, 이번에는 시드에 편중하여 니즈(수요)를 명확히 하지 않은 채로 연구를 계속한 것이 패인이었다. 시드와 니즈를 연결시키는 것의 어려움을 다시 한번 통감하게 되었다. 시드가 좋지 않으면 연구가 잘 진행될 수 없고, 시드가 좋더라도 니즈(수요)가 확실하지 않으면 그것도 역시 안 되는 것이었다.

　이러한 실패를 반복한 뒤, 4번째의 탐색 테마인 리튬이온전지 연구로 이어졌다. 1981년, 내가 33세 때의 일이었다. 그런데 이때 내가 제안한 것은 신형 2차 전지의 개발이 아닌, '전도성 고분자'의 연구였다. 고분자란 만 단위 숫자의 원자로 만들어진 거대한 분자인데, 예를 들어 플라스틱 등이 이 고분자 화합물이다. 고분자에는 보통 전기가 흐르지 않지만(일반적으로 플라스틱은 전기가 흐르지 않음), 그중에 전기가 통하는 것도 있다. 이것이 전도성 고분자이다.

힌트는 두 사람의 노벨상 수상자

　내가 전도성 고분자에 주목한 것은, 두 사람의 노벨상 수상자와 깊은 관계가 있다. 한 사람은 일본인으로서 처음 노벨화학상을 수상한 후쿠이 켄이치 씨이다. 후쿠이 씨는 절묘하게도 내가 이 연구를 시작한 1981년에 노벨상을 받았는데, 그 수상 대상이 된 것은 '프론티어 전자론'이라고 하는 새로운 이론이었다.

프론티어 전자론이란, '물질을 구성하는 분자가 가지는 전자의 움직임을 컴퓨터로 계산하여, 물질의 특성이나 화학 반응을 예상한 이론'이다. 본래 화학이라고 하는 것은 실험이 필수 불가결한 학문이었다. 예를 들어, 두 가지의 물질을 섞으면 어떻게 될까를 알기 위해서는 실제로 실험을 하여 어떤 반응이 일어나는지 확인해야 하는 것이다. 그러나 후쿠이 씨의 프론티어 전자론과 같이 계산을 통해 반응성과 물성의 예측이 가능하다고 한다면, 시간과 비용이 드는 실험을 하지 않아도 유용한 물질과 특성을 찾아낼 수 있는 것이다. 이 혁명적인 프론티어 전자론에 의해 예측된 것 중 하나가, 본래는 절연체였던 플라스틱이라도 그 분자 구조에 의해서 전기가 흐르게 된다는 것이었다.

또 그 무렵 한 재료가 화학 · 물리의 세계에서 큰 화제가 되었는데, 플라스틱의 한 종류인 폴리아세틸렌이었다. 이 폴리아세틸렌은 금속 광택의 특징을 가진 플라스틱인데, 소량의 불순물을 첨가함으로써 높은 전기 전도성이 얻어지는 것을 세계에서 처음으로 발견한 것이다. 이 발견을 한 사람은 이후 2000년에 노벨화학상을 수상하게 된 시라가와 히데끼 씨이다.

시라가와 씨는 아세틸렌 가스(가연 가스 중에서 가장 높은 화염 온도를 가지는 가스로서, 용접에 사용함)의 박막중합법이라는 특수한 방법으로 폴리아세틸렌을 합성했다. 후쿠이 씨의 프론티어 전자론에서 예측한 전도성 고분자가 실험으로 증명된 것이다.

여담이지만, 폴리아세틸렌의 합성에는 대단한 우연이 함께했다. 시라가와 씨가 폴리아세틸렌의 합성에 도전할 때, 연구원이었던 한 유학생이 중합에 사용할 촉매의 단위에 실수를 하여 1000배나 진한 촉매를 사용한 것이다. 그런데 이 실수가 합성의 성공으로 이어졌다. 그때 만들어진 너덜너덜한 막이 폴리아세틸렌의 박막일 가능성이 있다는 것을 알고, 시라가와 씨는 점점 촉매의 농도를 진하게 하여 드디어 합성에 성공하였다.

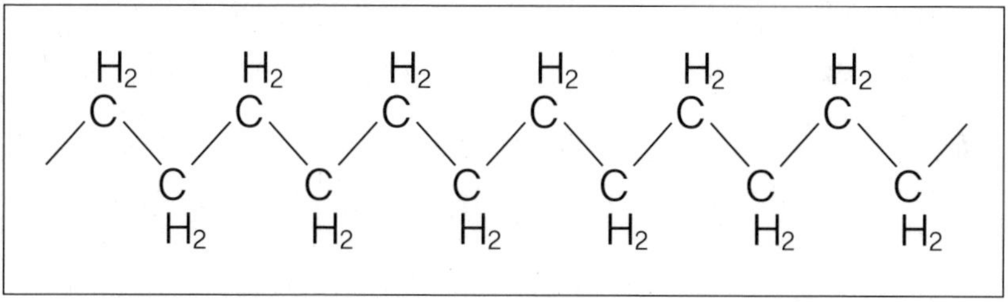

[그림 4-1] 폴리에틸렌의 구조도

이러한 사소한 우연을 계기로 혜안을 얻어 행운을 쟁취하는 능력을 세렌디피티라고 하는데, 이 에피소드가 세렌디피티의 대표적인 예로 알려져 있다. 이보다 훨씬 나중의 일이지만, 나도 리튬이온전지 개발의 과정에서 동일한 세렌디피티를 경험하였다. 그것에 대해서는 리튬이온전지의 개발에 대해 이야기할 때 논하기로 하겠다.

그러면 이 폴리아세틸렌은 일반적인 플라스틱과 어떻게 다른 것일까? 왜 폴리아세틸렌에는 전기가 흐르는 것일까?

우리에게 매우 친숙한 플라스틱은 물건 파는 가게의 계산대 옆에 놓인 물건 넣는 봉투로 사용되는 폴리에틸렌일 것이다. 폴리에틸렌은 전기절연성 재료로서, 전기가 전혀 흐르지 않는다. 이 폴리에틸렌의 구조를 그림으로 나타내면 [그림 4-1]과 같이 된다. 원자와 원자를 연결하는 선은 전자가 원자들을 연결하여 묶고 있는 것을 의미한다. 이러한 결합에서는 양쪽에서 원자가 전자를 각각 하나씩 내어놓고 있다. 이를 단일결합이라고 한다.

한편, 폴리아세틸렌의 구조를 나타내면 [그림 4-2]와 같이 된다.

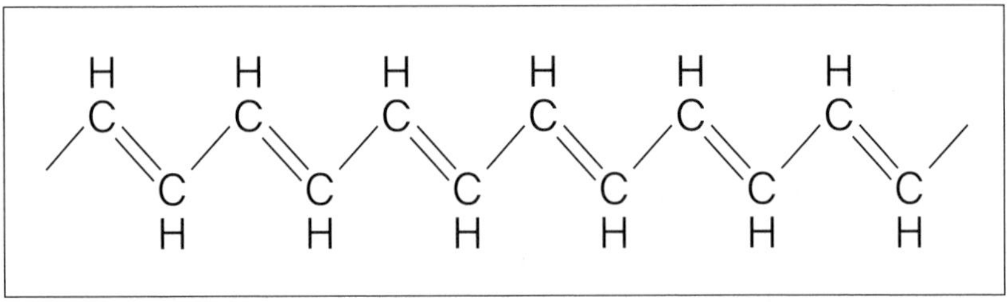

[그림 4-2] 폴리아세틸렌의 구조도

골격은 거의 폴리에틸렌과 동일하지만, 폴리아세틸렌에서는 수소 원자가 하나 부족하게 되어 있다. 또 결합하는 방법도 조금 달라서, 두 개의 선으로 연결된 곳이 있다. 이 두 개의 선으로 연결된 결합에서는 양쪽의 원자가 각각 2개씩 전자를 내어놓고 있는데, 이것을 이중결합이라고 한다. 폴리아세틸렌의 구조 그림에서는 이 이중결합이 한 번씩 걸러서 늘어서 있다. 이것을 전문용어로 공역 이중결합이라고 하는데, 이러한 구조가 전기의 흐름 여부에 크게 영향을 주는 것이다.

공역 이중결합에서는 한 편의 결합이 다른 한 편의 결합보다 불안정하고 약하게 결합되어 있다. 이를 전문적으로 말하면, 강한 결합을 시그마 결합, 약한 결합을 파이 결합이라고 한다. 이 파이 결합상의 전자는 움직이기가 쉽다. 전자가 움직이기 쉽다는 것은, 전기가 흐를 가능성이 있다는 것을 의미한다.

폴리에틸렌은 단일결합만으로 성립되어 있다. 단일결합은 모두 강한 시그마 결합으로, 전자가 움직이기 어렵다. 즉, 전기가 기본적으로 흐르지 않는 것이다. 공역 이중결합의 전자가 상당히 자유롭게 움직일 수 있는 성질이야말로 단일결합과의 커다란 차이이다. 결론적으로 공역 이중결합의 폴리아세틸렌에서는 전기가 흐른다는 것이다.

내가 4번째 테마로 연구한 것은 이 폴리아세틸렌을 중심으로 한 전도성 고분자의 연구였고, 결과적으로 이것이 리튬이온전지로 이어졌다. 다시 말해, 후쿠이 켄이치 씨, 시라가와 히데끼 씨 이 두 노벨화학상 수상자의 업적이 리튬이온전지의 원점이라고 할 수 있겠다.

전기가 흐르는 플라스틱

운이 좋게도 나의 교토 대학 은사님이 시라가와 히데끼 씨와 공동으로 폴리아세틸렌의 연구를 해 왔기 때문에, 나는 그 은사님께 몇 번이고 찾아가서 조언을 구할 수 있었다. 폴리아세틸렌의 합성법을 배우고, 그것을 베이스로 가와사끼의 연구소에 실험설비를 갖추었다. 그리하여 직접 폴리아세틸렌을 합성할 수 있게 됨과 동시에, 이 폴리아세틸렌이라는 시드를 어떻게 니즈(수요)로 이어 갈지 검토를 진행한 것이다.

폴리아세틸렌은 금속광택을 가진 특수한 플라스틱인데, 외관적으로도 놀랄 만한 다양성을 가지고 있었다. 그 주된 특징을 정리하면 다음과 같다.

1. 전기가 흐름.
2. 반도체로 됨. 즉, 트랜지스터가 됨.
3. 빛을 쪼이면 전기를 발생시키는 광기전력이 있음. 즉, 태양 전지가 됨.
4. 전기화학적으로 이온과 전자의 입출입이 가능함. 즉, 2차 전지가 됨.

이 중에서도 특히 나의 흥미를 끈 것은 네 번째의 '전기화학적으로 이온과 전자의 입출입이 가능함', '2차 전지가 됨'이라는 점이었다.

당시에 소형 · 경량화를 목적으로 하는 신형 2차 전지의 개발이 활발히 이루어졌지만, 상품화에는 큰 난항을 겪고 있었다. 난항의 원인은 음극 재료에 있었다. 당시 음극 재료로 금속리튬을 사용한 2차 전지가 개발되었지만, 안전성에 큰 문제가 있었다. 다시 말해, 신형 2차 전지의 상품화에는 새로운 음극 재료의 출현이 필수적이었고, 나는 이 폴리아세틸렌이 새로운 음극 재료가 될 것이라는 확신이 들었다.

앞에서 이야기한 바와 같이, 리튬이온전지는 카본을 음극으로 하고, 코발트산 리튬을 양극으로 하고 있다. 전지의 기본 구성에서 필수적인 것은 양극 재료와 음극 재료의 조합인데, 리튬이온전지의 경우도 사정은 마찬가지이다. 즉, 새로운 전지를 만들고자 할 때는 이 조합을 찾는 작업이 무척 중요하다. 따라서 어떠한 과정에서 음극에 카본 재료가 선정되었는지, 또 어떠한 과정에서 양극에 코발트산 리튬이라는 재료가 선정되었지를 말하는 것이, 곧바로 리튬이온전지의 개발 역사 이야기가 된다고 할 수 있을 것이다.

폴리아세틸렌이 그 중요한 음극 재료의 유력 후보가 될 것이라고, 나는 확신했다. 폴리아세틸렌이라는 시드와 소형 · 경량의 신형 2차 전지라는 니즈가 잘 이어질 것이라는 예감을 한 것이다.

리튬이온전지 개발 비화 ❷
소형 · 경량화의 도전

운명적인 양극과의 만남

폴리아세틸렌을 새로운 2차 전지의 음극 재료로 사용하는 것을 착안한 나는, 바로 연구를 시작하기로 하였다.

전지의 연구에서 처음부터 전지 전부를 생각한 것이 아니라, 우선은 단극 평가라는 것을 하였다. 단극 평가는 한 개 극의 평가, 즉 음극이면 음극만에 대한 재료를 찾아 성능이나 특징을 조사하고 장단점을 평가하면서 개량해 나아가는 방법이다.

폴리아세틸렌 음극에 대해서 단극 평가를 진행해 가니, 아세틸렌을 중합하는 방법과 전해액의 종류, 그 순도 등을 개량하여 당초에 비해 한 계단 성능이 향상되었다. 나는 점점 폴리아세틸렌이라는 음극 재료에 자신감이 생겨, 실제 전지로 제작하여 그 특성을 확인해 보게 되었다.

그러나 나는 여기서 커다란 문제점에 직면하게 되었다. 폴리아세틸렌과 조합할 양극 재료가 없었던 것이다. 따라서 전지의 시험제작도 할 수 없었다. 조합할 양극이 없으면, 전지는 만들 수조차 없다.

물론 당시에 비수계 2차 전지의 양극 재료가 되는 물질로 많은 것들이 알려져 있었다. 예를 들어, 이황화 티탄이나 삼황화 몰리브덴 등이다. 그러나 이것들은 모두 사용할 수 없었다. 그 이유는 간단하다. 그때까지의 비수계 2차 전지에는 금속리튬이 음극으로 사용되고 있었다. 즉, 이미 알려진 양극 재료가 될 수 있는 물질은 모두, 음극 재료가 금속리튬이라는 것이 전제되었던 것이다.

조금 더 자세히 설명하자면, 충전 혹은 방전 반응에 리튬이온이 필요하다. 음극에 금속리튬을 사용한 경우에는 리튬이온이 이 금속리튬으로부터 자동적으로 공급된다. 따라서 이 경우 양극 재료에 리튬이온이 포함될 필요가 없었고, 실제로 양극 재료에 리튬이온이 포함된 것은 없었다. 양극과 음극 양쪽에 리튬이온이 있어도 쓸모없고 의미가 없기 때문이었다.

그러나 폴리아세틸렌을 음극 재료에 사용하게 되면 사정이 달라진다. 폴리아세틸렌에 리튬이온이 포함되어 있어야 하는데, 그렇다면 그때까지 알려진 재료는 모두 적합하지 않은 것이 되어 버린다. 폴리아세틸렌이라는 좋은 음극 재료가 있어도 양극의 재료가 없다면 전지를 만드는 것이 불가능하기 때문에, 여기서 나의 전지 제작은 커다란 암초에 걸려 버렸다.

이 난제를 해결할 방법을 찾지 못하고 괴로운 나날을 보내고 있던, 1982년 말의 일이었다. 그 해의 업무를 모두(연구소의 대청소를 포함하여) 마치고, 특별히 할 것이 없던 오후 시간에 볼 시간이 없어 가져온 채로 그대로 둔 문헌을 읽고 있었다.

당시 옥스포드 대학 교수이자 그 대학의 무기화학연구소 소장을 맡고 있던 존 굿이노프 교수의 논문이 있었는데, 거기에 뜻밖의 내용이 쓰여져 있었다. 그에 의하면, 코발트산 리튬이라는 화합물이 2차 전지의 양극이 된다고 하였다. 거기다 그 화합물은 4V 이상의 높은 기전력을 가지고 있다고 하였고, 이 코발트산 리튬과 조합할 적절한 음극 재료가 없다는 취지의 내용도 쓰여 있었다.

코발트산 리튬은 리튬이온을 포함하고 있다. 따라서 그때까지 음극 재료로 사용되어 온 금속리튬을 쓰면, 양극과 음극 양쪽에 리튬이온을 가지게 된다. 이것은 앞서 이야기한 것처럼 의미가 없다. 그러나 나는 리튬이온을 포함하지 않는 음극 재료가 될 소재를 알고 있었다. 말할 필요도 없는, 폴리아세틸렌이다. '코발트산 리튬과 폴리아세틸렌을 조합하면 어떨까? 제대로 잘 되는 것이 아닐까?'라는 생각이 들었다. 그동안 나는 이러한 양극 재료를 찾고 있었던 것이다.

해가 바뀌자마자 굿이노프 교수의 논문에 써 있는 대로 코발트산 리튬을 합성하고, 폴리아세틸렌과 조합하여 시험 전지를 제작하였다. 가능할 것 같다는 생각은 했었지만, 충전이 예상보다 순조롭게 이루어졌다. 방전 또한 아주 잘 되었다. 폴리아세틸렌을 음극으로 한 2차 전지가 드디어 탄생한 것이다. 이때까지 고생한 만큼, 더 감동적인 순간이었다.

이 새로운 2차 전지는 종래의 2차 전지와 비교했을 때, 훨씬 가볍다는 것을 알 수 있었다. 그래서 나는 '폴리아세틸렌 음극 / 코발트산 리튬 양극'이라는 기본 개념을 청구 범위로 하는 특허를 출원하게 되었다(특허출원번호 특원소58-233649호). 이것이 현재 리튬이온전지의 원형이 되는 것이다.

이 새로운 리튬이온전지의 탄생은, 앞서 이야기한 후쿠이 켄이치 씨의 노벨화학상 수상, 시라가와 히데끼 씨의 폴리아세틸렌에 대한 발견, 그리고 굿이노프 교수의 코발트산 리튬에 관한 연구라는 3가지의 사건이 쌓여서 얻어진 결과이다. 전혀 다른 장소에서, 전혀 다른 사람이 행함으로써 하나의 획기적인 제품이 만들어진 것으로, 세렌디피티의 하나라고 말할 수 있을 것이다.

힘들었던 경량화와 소형화의 양립

드디어 폴리아세틸렌 음극 / 코발트산 양극이라는 신형 2차 전지를 발견한 나는, 눈동냥으로 원통형 전지를 시험제작하였다. 그리고 과연 이 전지에 실용적 가치가 있는지 없는지를 판단하기 위해, 유저 워크를 개시하게 되었다. 유저 워크란, 유저(가 될 수 있는 기업)에게 실제로 시험제작품을 보여 주고 의견을 듣는 것이다.

만들어진 시험제작품은, 특히 경량화에 대해서는 거의 만점이라고 말할 수 있는 것이었다. 당시의 니켈카드뮴전지와 비교했을 때 중량이 3분의 1 정도였다. 즉, 중량을 기준으로 에너지 밀도가 3배가 되는 것이다.

그러나 반면 소형화라는 점에서는 기대보다 성과가 적었다. 크기가 니켈카드뮴전지와 거의 같아서, 체적 기준의 에너지 밀도는 종래의 2차 전지와 변화가 없었다.

세상의 니즈(수요, 요구)는 소형화와 경량화가 동시에 실현되는 것임을 나도 알고 있었지만, 이 시험제작품으로는 경량화만 가능했다. 따라서 유저 워크의 포인트는 '경량화만을 평가할 것인가, 한 걸음 더 나아가 소형화와 경량화 중 어느 것이 중요한가'라는 것이 되었다.

나는 시험제작품과 데이터를 가지고 몇 개의 기업을 방문하였는데, 모든 곳의 대답은 공통적이었다. "소형화가 보다 더 중요하고 경량화만으로는 매력이 떨어진다."라는 것이었다.

고생 끝에 겨우 만든 시험제작품이 제대로 된 평가를 받지 못해 의기소침해졌지만, 여기서 포기할 수는 없었다. 소형화를 실현하기 위한 방법을 모색하는 날들이 계속되었다.

그러던 중 나는 처음으로 폴리아세틸렌이라는 재료의 한계가 느껴졌다. 폴리아세틸렌이라는 재료는 플라스틱의 일종이다. 그러므로 비중(단위체적당 중량)은 1.2로 상당히 작다. 비중이 작다는 것은 경량화의 관점에서는 상당히 유리하게 작용한다. 그러나 비중이 작으면 그만큼 부피가 늘어나게 되므로, 반대로 소형화라는 점에서는 무척 불리해지는 것이다.

계산해 보니, 리튬이온 2차 전지에서 소형화와 경량화를 양립시키기 위해서는 음극 재료의 비중이 적어도 2배 이상이어야 했다. 그러나 비중이라는 것은 물질 고유의 성질이므로, 대단히 아깝지만 폴리아세틸렌은 사용할 수가 없었다. 무언가 폴리아세틸렌을 대신할 음극 재료를 찾아내지 않으면 안 되었다.

제4회에서도 설명했듯이, 폴리아세틸렌이 음극 재료가 될 수 있게 하는 전도성이란, 분자 안에 공역 이중결합을 가지는 화합물이라는 것이다. 그러면 동일한 공역 이중결합을 가진 화합물을 찾으면 되는 것인데, 제일 먼저 떠오른 것이 카본이었다. 카본의 비중은 폴리아세틸렌의 2배 이상이여서, 폴리아세틸렌의 문제점이 사라지게 되었다.

〔그림 5-1〕은 카본, 그중에서도 가장 일반적인 그라파이트(흑연)의 구조를 나타낸 것이다. 비유를 하자면, 거북의 등 껍질 같은 구조에 각 육각형의 정점에 탄소 원자가 위치해 있는 것이 된다. 선이 하나로 된 곳은 단일결합, 두 개로 된 곳은 이중결합이며, 단일결합과 이중결합이 번갈아 되어 있다. 즉, 공역 이중결합으로 되어 있는데, 이는 카본이 전기가 흐를 수 있다는 것을 나타낸다. 폴리아세틸렌이 음극 재료가 된 것처럼, 카본도 음극 재료가 될 수 있는 것이다.

그러나 실제로는 그렇게 간단하지 않았다. 당시 입수된 몇 종류의 카본을 평가해 보았는데, 2차 전지의 음극으로서 작동하는 카본이 없었다.

VGCF와의 만남

폴리아세틸렌의 한계가 보였지만, 다음 후보가 있는 것도 아니었다. 그렇게 이후의 연구 방향이 보이지 않아 고민하고 있을 때, 한 개의 카본 샘플이 입수되었다. 새로운 2차 전지가 처음 만들어진 후 벌써 해가 바뀌어, 1984년이 되어 있었다.

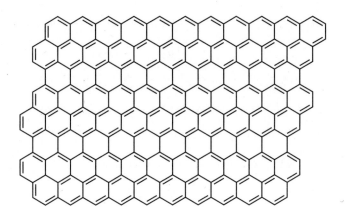

[그림 5-1] 카본의 구조

　그것은 기상 성장법 탄소 섬유(Vapor phase Grown Carbon Fiber),
VGCF라고 불리는 특수한 카본이었다. 당시 카본 화이버(탄소 섬유)가
새로운 소재로서 주목을 받아, 내가 근무하던 아사히카세이에서도 미
야자끼 현 노베오까 시에 있는 섬유관련 연구소에서 카본의 연구가 이
루어지고 있었다. 그것은 탄화 수소를 기상(기체 상태)으로 탄화시켜 기
판 위에 직접 카본 화이버를 성장시키는 기발한 연구였다.

　니켈 계통의 촉매를 섞은 벤젠이나 톨루엔 같은 방향족 화합물을
기화시켜 1000℃ 정도의 가마(로)를 통과시키면, 가마 벽면에 설치한
기판에 섬유의 굵기가 수 마이크론인 얇은 카본 화이버가 머리카락처
럼 성장해 간다. 이것이 VGCF이다. 1000℃ 전후의 저온에서 소성된
카본임에도 불구하고, 비교적 결정화가 이루어져 있는 특수한 구조의

카본이다. 시험 삼아 이 VGCF를 테스트해 보니, 전지 특성이 뛰어나게 좋았다.

이건 살릴 수 있겠다 싶은 생각이 들어 VGCF를 음극으로, 코발트산 리튬을 양극으로 한 전지를 만들었다. 이것이 '카본/코발트산 리튬'이라는 리튬이온전지의 탄생으로, 1985년 초의 일이었다. 이 전지로 인해서 소형화와 경량화라는 두 가지의 니즈(수요, 요구)를 처음으로 양립시켰다. 그와 동시에 VGCF라는 카본을 입수함으로써 리튬이온 2차 전지의 기초연구는 급속히 가속되었다. 이 VGCF라는 소재가 아사히 카세이의 다른 연구소에서 2차 전지와 관계없이 별도의 목적으로 개발된 것은 정말 우연으로, 이것도 세렌디피티의 하나라고 생각한다.

VGCF가 음극 재료로 적합한 이유는, 그 특수한 결정구조에 있다. VGCF에 의해 음극 재료로서 최적의 결정구조가 명확해졌고, 이로써 카본 재료의 분자설계가 가능해졌다. 이로 인해 이후에 음극 카본 재료의 개발이 가능할 수 있었던 것이다. 결론적으로, VGCF에 의해 리튬이온전지의 연구가 가속될 수 있었다.

현재에도 VGCF는 여러 가지 카본 소재 중에서 최고의 음극 특성을 가지고 있지만, 안타깝게도 가격이 상당히 고가여서 음극의 주재료로는 사용되지 않고 있다. 그 이후 개발된 보다 싼 가격의 소재가 주재료가 되었으며, 비용이 상승하지 않는 수준(1.5% 정도)으로 VGCF를 섞어서 전지의 특성을 개선하는 시도가 계속 이루어지고 있다. 최초로 발견했던 VGCF가 주된 재료는 아니지만 현재에도 여전히 남아 있어 감회가 깊다.

덧붙여서, 이 1985년은 전신전화 공사가 분할 민영화되고 그 후신인 NTT가 어깨에 거는 형태의 전화기인 숄더폰을 발매한 해이기도 하다. '전화기를 들고 다닌다.', '어디에서든지 전화를 걸 수 있다.'라는, 당시에는 꿈같이 생각되었던 것을 실현한 획기적인 제품이었다. 이는 IT혁명의 싹이 튼 것이라고 말할 수 있겠다.

그런데 숄더폰은 들고 다니기에 너무 크기가 컸고, 거기다 무겁기까지 했다. 그것을 본 사람이라면 누구라도 '보다 작고, 보다 가벼우면 좋을텐데.'라는 생각이 드는 물건이었다. 숄더폰을 소형 · 경량화한 주역의 하나인 리튬이온전지가 같은 시대에 만들어졌다는 것은, 무언가 인연이 있는 것 같은 일이었다.

탐색연구로부터 개발연구로

여기까지의 경과가 앞서 소개한 3가지의 개발단계 중 제1단계, 탐색연구에 해당된다. 카본과 코발트산 리튬이라는 시드(연구의 씨앗)가 리튬이온 2차 전지에 의해서, 전지를 사용하는 제품의 소형 · 경량화를 실현하는 니즈(수요, 고객의 요구)에 이어진 것이다. 리튬이온전지의 개발은 이후 다음 단계인 개발연구로 이행하게 된다.

고생에 고생을 거듭한 끝에 간신히 탐색연구를 마친 리튬이온전지였지만 그대로 순조롭게 제품화될 것은 아니었고, 해결해야 할 문제는 산처럼 많았다.

탐색연구로 인해 태어난 신기술을 실용적인 관점에서 평가할 항목이 100가지라고 하면, 그중에서 뛰어나게 좋은 특성은 하나만 있고, 나머지 99가지는 모두 문제점이라고 여기는 것이 맞다고 생각한다. 왜냐하면 탐색연구에서는 철저하게 좋은 점을 추구하여 연구하기 때문에 뛰어난 특성이 한 가지 탄생한다. 그리고 탐색연구에서는 만약 문제점이 발견되었다고 해도 그것이 치명적이지 않으면 눈감아 주고 추진해 간다. 어디까지나 좋은 점을 찾아가는 것이 우선이므로, 문제점은 나중에 어떻게 하면 된다고 생각하고 연구를 계속한다. 그 결과 문제점이 산적하게 되는 것이다.

그 99가지의 문제점을 하나씩 해결하는 것이 개발연구 단계에서의 일이다. 탐색연구에서 '나중에 어떻게 하면 된다'라고 했던 것을, 이 단계에서 '어떻게든 해결하게 되는' 것이다.

리튬이온전지에 있어서 뛰어나게 좋은 특성은 기전력(전압)이다. 기존 니켈카드뮴전지의 약 3배에 해당하는 4.2V라는 높은 기전력은, 소형·경량화를 실현할 수 있는 커다란 무기가 된다. 그러나 한편으로

99가지의 문제를 안고 있는 것도 사실이었다. 실제로 개발연구를 시작하자, 그 문제점들이 차례차례로 표면화되었다. 그리고 나는 또 새로운 지옥을 맛보게 되었다.

리튬이온전지 개발 비화 ❸

안전성을 증명하기 위하여

문제점으로부터 특허가 태어난다

VGCF를 음극으로, 코발트산 리튬을 양극으로 한 리튬이온전지를 만든 후, 그 기본구성을 청구 범위로 하는 특허를 출원했다. 사실 특허라는 것은 특허청의 심사만으로 끝나는 것이 아니다. 특허청에 의해 일단 권리화된 이후에도, 제3자에 의한 이의 신청이나 무효 판정 등으로 기소가 일어날 수 있다. 이 리튬이온전지의 특허도 그러한 과정 끝에 특허로 인정되게 되었다.

이것은 대단히 번거로운 일이지만, 중요한 특허에는 이러한 다툼이 늘 따라다닌다. 역으로, 다툼이 없는 특허는 제3자들에게 그다지 중요하지 않다고 여겨지는 것이라고 할 수 있다.

제3자가 인정할 정도로 중요한 특허가 탄생하는 타이밍에는 주로

2가지가 있다. 하나는 탐색연구의 막판이다. 리튬이온전지가 그러했던 것처럼 이 타이밍에서 신기술의 기본구성이 확립되는데, 이것은 당연히 중요한 특허가 된다.

다른 하나는 개발연구의 초기 단계이다. '탐색연구에 의해서 태어난 신기술을 실용적 관점에서 평가하는 항목이 100가지 있다고 하면, 그중에 뛰어난 특성이 한 가지이고, 나머지 99가지는 모두 문제점'이라고 앞에서 이야기하였다. 그리고 개발연구에서 그 99가지의 문제점을 해결해 나간다고 했는데, 이 시점에서 또 중요한 특허가 많이 만들어진다.

이 해결해야 할 문제들은 새로운 기술의 기본구성과 비교하면 현실적 또는 즉흥적이고, 어떤 의미에서는 차원이 낮다고 생각되는 것도 많지만, 제품을 실용화하기 위해서는 피해 갈 수 없는 중요한 것이다. 이 99가지의 문제점이 차례차례로 등장했는데, 실제로 리튬이온전지의 개발연구 단계에서 경험한 것을 소개해 보겠다.

있어야 할 과제, 있어서는 안 될 과제

99가지의 문제점 중에는 있어서는 안 될 문제들도 있다. 이러한 문제는 대략 개발연구의 단계에서 사람, 돈, 시간을 투자하면 해결책이 반드시 나오는데, 답이 없거나 끝내 해결되지 않는 것도 있다. 이른바 치명적인 문제이다.

탐색연구의 단계에서 치명적인 문제가 나오면, 그 연구는 거기서 끝난다. 그런데 탐색연구에서 치명적인 문제가 나오지 않았다고 하더라도, 신기술에 치명적인 문제가 없다고는 단정할 수 없다. 표면에 드러나지 않고 어찌어찌하다가 개발연구까지 진행될 가능성도 있다. 그러므로 개발연구에서 처음 해야 하는 것은, 이 신기술에 있어서 치명적인 문제는 이미 해결되었다는 것을 증명하는 일이다. 하지만 이 치명적인 문제가 있고 없음을 판단하는 일은 무척 어려운 것이다.

신형 2차 전지의 연구개발이 여러 곳에서 열심히 진행되었는데, 상품화하기까지 상당히 난항을 겪었다. 그 이유 중 하나는 안전성 문제였다. 그때까지는 음극 재료로 금속리튬을 사용하였는데, 그 금속리튬의 안전성에 문제가 있었던 것이다. 내가 만든 신형 2차 전지는 금속리튬을 사용하지 않았지만, 금속리튬을 사용하지 않는다고 해서 안전한 것이 되지는 않는다. 다시 말해, 카본과 코발트산 리튬이 안전하다는 것을 증명해야 하는 것이다.

안전성을 확인해야 하는데, 그것에 기준이 있는 것도 아니고 실험 방법이 정해져 있는 것도 아니었다. 우선 어떤 시험을 할 것인지부터 생각해야 했다. 게다가 어떤 시험을 하든지, 연구소 내에서 가능하지 않다는 점은 분명했다. 실험 결과 과연 어떤 일이 일어날지 전혀 예상을 할 수 없었기 때문이다. 그래서 실험 중 '어떤 일이 일어나도 괜찮은 장소'가 필요했는데, 운 좋게도 적당한 장소를 찾을 수 있었다.

아사히카세이라는 회사의 사업은 여러 분야로 나누어져 있었는데, 화약 사업도 그중 하나였다. 그래서 다이너마이트의 시험장도 당연히 가지고 있었다. 다이너마이트 시험장이라면 어떤 일이 일어나도 문제가 없었다. 화약 사업부에 요청을 해서 시험장을 새로운 전지의 안전성 실험에 사용할 수 있게 되었다.

[그림 6-1] 전지의 파괴 테스트. 위로부터 쇳덩이를 떨어뜨림.

그 시험장은 미야자끼 현 노베오까 시의 주변에 위치해 있었다. 약간 높은 산에 둘러싸여 겨울에는 멧돼지도 나타나는, 마을에서 좀 떨어진 장소였다. 나는 거기에 새로운 전지를 가지고 가서, 여러 가지 테스트를 하였다. 전지의 위에서 쇳덩어리를 떨어뜨린다든지, 총탄을 관통시킨다든지 하여 전지가 어떻게 되는지 조사한 것이다.

[그림 6-1]은 쇳덩어리를 낙하시킨 때의 사진이다. 시험제작품 리튬이온전지는 파괴되었지만, 그 이상의 것(폭발이나 화염)은 일어나지 않았다. 만일을 위해서 그대로 1시간 정도 두고 상태를 보았는데 변화가 없었다.

시험 삼아, 리튬금속으로 만든 1차 전지로 같은 실험을 해 보았다. 이것은 쇳덩어리의 낙하와 동시에 발연, 발화를 보였다(그림 6-2). 역시 금속리튬을 사용한 전지는 충격을 받아 파괴되면 발화할 위험이 있었다. 이것은 치명적인 문제로 당연히 제품화할 수 없는 것이다.

새로운 리튬이온전지가 이와 동일하게 불을 뿜었다면, 연구는 거기에서 중단되었을 것이다. 그러나 나의 전지는 동일한 충격을 받아 전지 자체가 파괴되어도, 위험한 현상을 일으키

[그림 6-2] 금속리튬 1차 전지의 파괴 실험에서는 불길이 솟았다.

지 않았다. 충격에 대한 안전성은 해결했다고 판단되었다.

이러한 과제를 차례로 해결해 가는 것이 개발연구인데, 이미 이야기한 바와 같이 개발연구에서는 양산과 코스트 문제 등도 나오게 된다. 이어서 그러한 예들도 소개해 보겠다.

순금 소성로가 없으면 불가능?

양극 재료인 코발트산 리튬은 산화코발트와 탄산리튬을 혼합하여 900℃의 온도에서 수시간 소성하여 합성한다. 이것 자체는 특별히 어려운 반응이 아니고, 실험실에서 수백 그램 단위로 문제없이 합성할 수 있었다.

개발연구의 단계에 들어서고 시간이 좀 지나자, 이후 생산기술의 확립을 위해 공무(새로운 설비의 도입 및 설치된 설비의 유지 보수를 담당하는 일) 부서의 담당자가 멤버로 들어오게 되었다. 우선 양극 재료 제조 프로세스의 검토부터 시작하였는데, 실험실에서의 합성조건을 기준으로 하여 한 소성로 제조업체에서 소성 테스트를 진행하였다.

그런데 이 테스트에서 소성로의 내면 재료가 부식되어 버렸다. 이렇게 되면 그 소성로는 사용할 수가 없다. 한 번의 사용으로 소성로를 못쓰게 된다면, 양산은 불가능하다. 공무부서의 담당자가 험악한 얼굴로 실험실에서는 어떻게 하고 있는지를 확인하러 왔다.

사실 리튬화합물은 고온이 되면 심한 부식작용이 있어서, 대부분의 금속 재료나 세라믹 재료는 견딜 수 없다. 유일하게 완전히 견디는 금속은 순금인데, 같은 귀금속인 백금조차도 버틸 수 없을 만큼 리튬화합물의 고온 부식은 격렬하다. 실험실에서도 이러한 부식을 경험하였기 때문에, 소성로의 내측을 순금으로 발라 두르고 있었다. 실험실의 소성로는 소규모였으므로 순금으로 도포하는 것이 가능했던 것이다.

"리튬화합물의 고온 부식을 견디는 재료는 없을까요?"라는 공무부서 담당자의 질문에, 나는 실험실에서 하고 있는 것처럼 "순금이면 괜찮아요."라고 대답했다. 하지만 이것은 너무나 부주의한 대답이었다. 이 말이 "순금을 바른 소성로가 아니면 생산할 수 없어요."라고 말한 것처럼 되어 버린 것이다. 그리고 공업용의 소성로를 순금으로 바르면 수백 억의 설비투자가 필요하다는 시산까지 이야기되어, 사내에 큰 소동이 벌어졌다. 이것은 실험실에서 만들어진다고 해도 공업적으로도 생산이 가능하다고 할 수 없는 것을 보여 주는 좋은 사례이다.

양산화를 위해서는 순금을 대신할 내부식성 재료를 찾아야 했고, 그것을 찾지 못했으면 개발은 여기까지였을지도 모른다. 나는 공무 담당자와 공동으로 내부 재료를 집중적으로 검토하였고, 운 좋게도 한 종류의 고순도 알루미나 계통의 재료가 사용 가능하다는 것을 알게 되어 이 일을 무사히 마칠 수 있었다.

야에스의 검은 다이아몬드

양극 재료만이 아니라 음극의 카본 재료에도 문제가 생겼다. VGCF가 부족하여 리튬이온전지를 만들 수 없는 것이었다. 전지의 양산을 위해서는 당연히 대량의 VGCF가 필요한데, 그 전에 유저(사용자)에게 평가를 받기 위한 시험제작품을 만드는 데도 어려움이 있을 정도로 VGCF가 부족했다.

유저 평가 일정에 맞추기 위해서 시장에 있는 카본 재료 중 VGCF를 최대한 닮은 카본을 찾기로 하였다. 그러다 특수 용도의 코크스 중한 종류가 VGCF와 상당히 유사한 성질과 형태를 가지고 있음을 알게 되었다. 게다가 그 제품은 특수한 용도이지만, 꽤 많은 양이 생산되고 있었다. 이것이 VGCF의 대체품이 될 수 있을지 조사가 필요했다.

다만 문제는 그 카본을 어떻게 입수할 수 있을까였다. 통상 타사로부터 샘플을 입수할 경우에는 어떠한 목적으로, 어떠한 물건에 사용하는지를 이야기해 주는 것이 예의이다. 하지만 이쪽이 개발단계이므로 정보를 외부에 노출할 수는 없었다. "신형 2차 전지의 음극에 사용합니다."라고 정직하게 말할 수는 없는 것이었다. 그래서 샘플을 어떻게든 입수하기 위해서는 서면으로 내용을 제출하는 것이 아니라 직접 얼굴을 보고 담판을 지을 수밖에 없다고 생각하여 그 회사를 방문하기로 하였다.

동경역 야에스 출구 바로 근처의 한 모퉁이에 그 회사의 제품 소개 코너가 있었고, 몇 가지의 제품 샘플이 전시되어 있었다. 그중에 한 눈에 보아도 일반적인 코크스와는 다른, 빛의 굴절에 따라 은색으로 빛나는 코크스가 있었다. 나는 그것을 본 순간, 틀림없이 성능이 나올 것이라고 확신했다. 내 눈에는 '야에스의 검은 다이아몬드'로 비쳐졌다.

앞에 있는 담당자에게 의욕적인 내 생각을 전하면서 샘플의 필요성을 설명하였다. 그러나 어떠한 목적으로 사용하는지 명확하지 않으면 샘플을 줄 수 없다는 상대의 태도는 변하지 않았다. 무엇에 사용하는지 명확하게 알려 주지 않는데 "네네" 하며 물건을 건네는 회사가 있다면 당연히 그 회사는 정상이 아닌 것이다.

그러한 점을 충분히 인정하고, 1킬로그램이라도 좋으니 사용해 보고 싶다고 부탁하였지만, 제조 단위와 취급 단위가 큰 제품이라 소량만 취급하는 것이 어렵다고 하였다. 그러면 통상의 취급 단위로 구입하겠다고 하니, 통상적인 단위가 배 1척 분량이라고 하였다. 최대한 줄여서 트럭 1대 분으로 팔 수는 없겠냐고 부탁하였지만, 이야기가 잘 마무리되지 않았다. 결국 공장 쪽과 상의한 후 연락을 주기로 하고 그 날의 미팅을 끝냈다.

그로부터 2주 정도 지나서 200리터의 화이버 드럼 가득히 샘플이 도착하였다. 방문한 날 나눈 이야기로는 꽤 어려울 것 같다고 느껴졌 지만, 나의 열의가 전달되었는지 더할 나위없는 형태로 샘플을 제공받 게 되었다.

이 코크스는 예상한 대로, VGCF에 가까운 성능을 보였다. 그리고 도착한 코크스의 양은 제품화하여도 수 년간 사용할 수 있을 만큼의 양이었다. 그리하여 실제로 제품화된 리튬이온전지의 초대 음극 재료 로 사용되어 세상에 나온 것이다.

제품 코너에서 '야에스의 다이아몬드'를 처음 본 순간의 느낌은 지 금까지도 잊을 수 없다. 그리고 샘플을 제공해 준 회사에게 정말 너무 나도 감사할 따름이다.

경찰청의 사전조사를 받다

지금까지는 양극 재료, 음극 재료라고만 이야기해 왔는데, 리튬이 온전지의 전극은 이들 재료를 두께 15 마이크론(0.015미리미터) 정도의 알루미늄박(알루미 호일)이나 동박(구리박)에 도포하여 만든다. 구체적으로 말하면, 코발트산 리튬과 카본의 분말을 바인더 용액에 섞어서 도포하게 된다. 얇은 금속박에 도포하는 것은 리튬이온전지의 독특한 기술로, 그때까지의 전지 제조 기술과는 전혀 다른 것이다. 고착재 또는 결합재(결착재)로 불리는 바인더라는 소재는, 코발트산 리튬이나 카본 분말과 섞여서 금속박에 접착하는 역할을 한다. 이 바인더에 사용하는 수지의 종류에 따라서 전극의 성능이 크게 좌우되는 것을 알게 되었고, 가장 우수한 전극 성능을 나타낼 바인더를 찾기 위해서 우리는 많고 많은 샘플을 모았다.

1987년 어느 날, 부하 직원에게 손님이 찾아왔다. 잠시 후 회의실에서 접객하고 있는 그에게서 빨리 와 달라는 연락이 왔다. 무슨 일이냐고 물으니, 경찰청의 형사로부터 조사를 받고 있다는 것이었다. 깜짝 놀라 그가 있는 회의실로 향하였다. 거기에는 정말 경찰청의 형사가 있었고, 내 연구실에 이러이러한 수지가 있을 테니 보여 달라고 하였다. 그들은 부하 직원이 이 수지를 입수한 것을 확인하였다고 했다.

부하 직원에게 확인을 하니, 한 회사로부터 샘플을 받았으나 그 수지는 실제로 평가를 하지 않았고 벌써 버렸다고 했다. "사용하지 않고 버렸다."라는 대답은 (실제로 그렇다 해도) 형사들이 점점 더 이상하게 생각하도록 만들었다. 형사는 그 수지를 어디에 사용했는지 물었는데, 그것은 기업비밀이라고 해도 납득하지 않았다. 이렇게는 결론이 나지 않겠다고 생각한 나는, 모든 것을 설명하게 되었다.

　우리는 새로운 전지를 만들고 있고, 그 과정에서 바인더가 될 수지가 필요하다. 그 최적의 재료를 찾기 위해서 여러 가지 수지를 모아서 조사하고 있는데, 질문을 받은 수지가 그중에 하나이다. 시험제작 중인 전극을 보여 주면서, 이렇게 정중하게 설명하였다. 그리고 이 폴리초산 비닐이라는 수지는 극히 흔한 재료로, 특수한 것이 아님을 마지막에 덧붙였다.

　나의 설명으로 혐의(?)가 모두 없어졌는지는 알 수 없었지만, 적어도 많이 납득은 되었는지 형사들이 상황을 설명해 주었다. 그들은 지난해 11월 유락조 역에서 일어난 은행강도 수사를 하고 있다고 했다. 범인은 현금을 수송하고 있는 은행원에게 최면 스프레이를 뿌리고, 3억 3천만 엔을 훔쳤다고 했다. 그 최면 스프레이는 개인이 제조한 것으로, 분석 결과 폴리초산 비닐이 검출되었다고 한다. 그 폴리초산 비닐은 흔한 물건이 아닌 초저분자량의 특수한 것으로, 일본 국내에서는 거의 유통되지 않는 것임을 알게 되었다고 한다. 그렇게 되면 입수 루트도 상당히 한정되는데, 제조사에서 출하된 곳을 조사하다 우리 직원에게 전해진 것을 알게 되었고, 그래서 상황을 확인하러 왔다는 것이었다.

　일본 국내에서는 거의 사용되지 않는 것을 가지고 있었으니 의심받는 것이 당연한데, 거기에 그것을 사용하지 않고 버렸다고 진술한 것은 상당히 수상쩍은 일이었을 것이다. 하지만 우리 입장에서도 놀랄 수밖에 없었다. 경찰청의 형사와 명함을 교환한 것은 그때가 처음이자 마지막이었는데, 지금에 와서는 재미있는 에피소드가 되었다.

사업화의 길 ❶

난항의 시험제작품 만들기

사업화 판단에 필요한 3가지 조건

새롭게 개발한 제품이 시장에 받아들여질지의 여부를 판단하는 것에는, QCD라는 일반적인 3가지의 판단 기준이 있다.

Q = Quality (품질) ·············· 시장이 요구하는 품질에 합치되고 있는가?

C = Cost (가격) ····················· 시장이 요구하는 가격에 합치되고 있는가?

D = Delivery (공급체제) ········ 시장이 요구하는 시기에 안정적으로 공급 가능한가?

열거해 보면 지극히 당
연한 것이지만, 신제품이
QCD에 합치되는지에 대한
판단은 무척 어려운 것이
다. 탐색연구에서 개발연구
로 이행했을 때의 리튬이온
전지도 이러한 판단이 가능
한 단계가 아니었다.

[그림 7-1] 각종 리튬이온전지. 지금은 시장도 성숙되어 용도에
맞는 여러 가지 형상의 리튬이온전지가 만들어지고 있다.
출처: https://blog.naver.com/sdibattery

먼저 Q(품질)에 관해서
말하면, 니켈카드뮴전지와 비교하여 무게·부피 모두를 3분의 1로 하
는 것이 가능했다. 즉, 소형화·경량화가 실현 가능하다는 것, 그리고
금속리튬전지에서 문제가 된 안전성을 해결했다는 것은 확인되었다.
그러나 시장이 요구하는 Q(품질)는 이것만이 아니다. 충전과 방전을 반
복하는 싸이클 수명, 저온 환경하에서의 방전 특성, 고온에서 장기보
존한 경우의 성능 저하 정도 등의 항목은 완전히 미지수였던 것이다.

C(가격)에 대해서도 알 수 있는 것과 모르는 것이 있었다. 전지의
코스트(비용)에는 재료 코스트와 조립 코스트가 있는데, 그중 재료 코
스트는 사용하는 소재가 정해져 있으므로 대략적인 기준을 정하는 것
이 가능했다. 그러나 조립 코스트에 대해서는 전혀 짐작이 가지 않았
다. 거기다 더욱 어려웠던 것은 시장이 요구하는 가격의 판단, '얼마면

팔릴까?'라는 문제였다. 당초 우리는 종래의 전지와 비교하여 중량과 체적이 3분의 1, 즉 성능이 3배이므로 가격도 3배로 팔릴 것이라는 정도로 생각했다. 하지만 그것은 정말 안이한 전망이었다는 것을 이후에 실감하게 되었다.

그리고 D(공급체제)는 언제쯤에, 어느 정도의 수량을 안정적으로 공급 가능하게 될지(가능하게 해야 할지)에 관한 것이다. 원재료의 확보나 설비를 포함한 생산체제의 확립이라는 문제에서 생산 코스트나 제품 가격과 밀접하게 연결되기 때문에, 이 시점에서는 뭐라고 할 수 없는 것이었다.

새로운 리튬이온전지가 시장에서 받아들여질지 어떨지를 판단하기 위해서는 그 품질이 유저(소비자, 사용자)에게 어느 정도 평가되어, 얼마면 팔릴 수 있을지를 파악할 필요가 있었다. 이를 위해서 실시한 것이 탐색연구 단계에서도 시행했었던 유저 워크이다.

탐색연구 단계의 유저 워크에서 선보인 것은, 음극 재료인 폴리아세틸렌을 사용하여 경량화는 실현되었지만 아직 소형화가 되지 않은 전지였다. 그때와 달리 이번에는 제품화, 사업화를 향해 한 발 더 나아간 전지의 평가를 듣는 것이었다. 제출할 샘플도 어느 정도 규모의 수량이 필요했다. 물론 양산 수준까지는 아니었지만, 샘플을 만드는 것부터 큰일이었다.

우리들이 가능한 것과 불가능한 것

샘플 워크에 필요한 시험제작품을 만들기 위해서 우선적으로 해야 하는 것은, 말할 필요도 없이 원재료의 확보이다. 리튬이온전지의 주된 구성 재료는 양극, 음극, 세퍼레이터(분리막), 그리고 전해액의 4가지이다.

이 중에서 음극 재료인 카본은 앞서 이야기한 바와 같이, 어느 카본 제조업체로부터 받은 '야에스의 검은 다이아몬드'가 있었다. 또 전해액도 문제가 없었다. 전해액이라는 것은 리튬염을 유기용제에 녹인 것인데, 리튬염도 유기용제도 입수가 어려운 물건이 아니었다. 단, 녹이는 작업은 직접 해야만 했다.

문제는 세퍼레이터(분리막)와 양극 재료였다. 세퍼레이터(분리막)란, 전지의 양극과 음극을 분리(세퍼레이트, separate)하는 것이다. 리튬이온전지의 충전과 방전은 리튬이온이 양극과 음극의 사이를 왔다갔다하는 것에 의해 일어나는데, 이때에 양극과 음극은 떨어져 있어야 한다. 이 두 개가 떨어져 있지 않고 접촉해 있으면, 쇼트(단락)가 일어난다. 쇼트가 일어나면 온도가 오르거나 경우에 따라서는 발화할 수도 있으므로, 두 개를 분리하는 세퍼레이터가 반드시 필요하게 된다.

사실 이 세퍼레이터는, 전지를 소형화하는 데 있어 족쇄의 하나였다. 현재 리튬이온전지에서 사용되고 있는 세퍼레이터는 두께 10~20

마이크론(0.01 ~ 0.02mm)의 아주 얇은 것인데, 그 당시 다른 전지의 세퍼레이터는 얇은 것이라 해도 100~200마이크론(0.1 ~ 0.2 mm)이나 되었다. 이 두께가 전지의 소형화를 저해했기 때문에, 우리는 보다 얇은 세퍼레이터를 찾고 있었다. 어디에도 팔지 않는 얇은 세퍼레이터를 어떻게 조달할 것인가는 무척 어려운 문제였다.

하지만 생각지도 못한 곳에, 게다가 매우 가까운 곳에 해결 방법이 있었다. 내가 있던 가와사끼 연구소 바로 옆에 있는 아사히카세이 연구소에서 세퍼레이터의 연구개발이 진행되고 있었다. 그 팀이 개발하고 있던 것은 금속리튬 1차 전지용 세퍼레이터였다. 금속리튬 1차 전지에서도 세퍼레이터의 박막화가 요구되어, 그것을 목표로 한 연구를 하고 있었던 것이다. 더욱이 50마이크론 이하의 얇은 막을 만들고자 해서, 우리가 찾고 있던 것에 꼭 들어맞았다.

더이상 지체하고 있을 이유가 없었다. 우리가 새로운 박막 세퍼레이터의 시험제작품을 받을 수 있는 동시에, 그 세퍼레이터의 전지평가도 해 줄 수 있는 일이었다. 이는 세퍼레이터 개발팀에게도 커다란 이점이었다. 이렇게 해서 유저 워크에 필요한 세퍼레이터의 확보가 가능해졌다.

그렇지만 아직 양극 재료라는 최대의 문제 한 가지가 남아 있었다.

시험제작품을 외부에 주문하다

이미 이야기한 것처럼, 양극 재료인 코발트산 리튬은 탄산리튬과 산화 코발트를 900℃ 전후의 고온에서 소성하는 것에 의해 만들어진다. 원료인 탄산리튬과 산화 코발트는 양산품 입수가 가능했지만, 문제는 900℃ 전후에서 소성하는 공정에 있었다.

리튬이온 화합물은 앞서 설명한 것처럼, 고온에서 상당히 부식성이 강해서 소성로의 소재를 금방 부식시켜 버린다. 실험실에서는 유일하게 부식되지 않는 순금을 소성로 안쪽에 코팅하여 대응하였지만, 유저 워크의 샘플에는 그렇게 할 수 없었다. 물론 사람, 돈, 시간이 아주 많다면 순금을 바른 소성로를 만들어도 되겠지만, 아직 샘플 단계로 팔릴지 어떨지 전혀 모르는 제품을 위해 그렇게 할 수는 없었다. 어떤 한 종류의 고순도 알루미나 계통의 재료를 대신 사용하면 된다는 것을 알게 되었으나, 이는 훨씬 나중의 일이었다.

그래서 생각한 방법이, 연구소 내에서 설비를 만들지 말고 외부 회사의 설비(가능하다면 양산 가능한 설비)를 사용하면 어떨까 하는 것이었다. 이른바 시험제작의 외주였다. 개발 중인 제품에 대한 정보는 절대로 외부에 노출하지 않는 것이 원칙이기 때문에 신형 전지의 공정, 게다가 양극 재료라는 중요한 부분을 외주로 한 것은 꽤 대담한 일이었다고 여겨진다.

그런데 코발트산 리튬의 소성이 고온 부식이라는 골치 아픈 문제를 안고 있는 것은 변함이 없었으므로, 부탁한다고 해서 누가 쉽게 해 주는 것은 아니었다. 어디에서 해 줄 수 있을지 여기저기 찾아보다가 기후 현의 도키 시를 떠올렸다. 도키 시는 미농 소성이라고 알려진, 일본 최고의 도자기 생산량을 자랑하는 곳이다. 그릇과 접시를 구울 수 있는 가마가 많았는데, 그중에는 이미 사용수명을 넘긴 것도 많았다. 그러한 가마를 사용하는 것이 어떨까를 생각해 낸 것이다.

사용하지 않는 가마를 활용하는 것이니, 가마 소유주에게 나쁘지 않을 것 같았다. 우리는 바로 도키 시에 찾아가 가마 소유주를 교섭했다. 고온 부식의 이야기도 하였는데, 만약 부식이 생겨도 가마벽을 새로 바르면 된다고 해서 큰 문제가 없었다.

어쨌든 한 번 소성을 해 보게 되었는데, 이번에는 온도의 관리가 염려되었다. 도자기를 굽는 온도와 코발트산 리튬을 굽는 온도는 다르므로, 이것이 제대로 될지 걱정이었다. 다행히 테스트 결과 900℃의 온도 관리가 제대로 되어 소성이 이루어졌다.

의외였던 것은, 걱정했던 고온 부식이 그다지 없었다는 점이다. 그 이유를 나중에 알게 되었는데, 소성로의 종류와 관계가 있었다. 실험실의 소성로는 전기로였다. 전기로에서는 내부 열기의 대류가 일어나지 않고, 소성로 재료와 고온의 코발트산 리튬과의 접촉시간이 길었기 때문에 고온 부식이 일어났던 것이다. 그러나 가마는 가스를 이용한

노(爐)이어서, 가마 내부에서 연소가스의 격렬한 대류가 생겼고, 그로 인해 고온 부식이 억제된 것이었다.

가마에서 만든 코발트산 리튬을 연구소에 가지고 와서 성능을 평가해 보니, 실험실에서 만든 것과 거의 동등한 물건이었다. 이 정도면 샘플을 만드는 것이 가능하였다. 이렇게 가마를 사용할 수 있다는 것을 알게 되어, 100kg 단위의 소성이 가능해졌다. 1회 소성에 수십만 엔의 비용이 들었지만, 직접 소성로를 만드는 것에 비하면 훨씬 적은 비용이었다. 무엇보다 소성 공정을 가마 주인에게 맡김으로써 연구실의 인력을 본연의 연구 업무에 전념시킬 수 있는 것이, 나에게는 제일 고마웠다.

이 도자기 가마를 사용한 양극 재료의 제조는, 리튬이온전지가 사업화된 이후에도 수년간 이어졌다. 리튬이온전지는 하이테크 기술이지만, 그 개발 과정에는 도자기를 굽는 전통 기술의 공헌이 있었던 것이다.

몸을 사리지 않은 기술개발

원재료들의 입수에 대한 전망은 밝아졌으나, 그것으로 끝난 것이 아니었다. 그 다음으로 우리 앞을 가로막고 있는 것은, 전극을 만드는 공정이었다.

〔그림 7-2〕는 리튬이온전지 전극의 모식화와 표면 사진(오른쪽)이다.

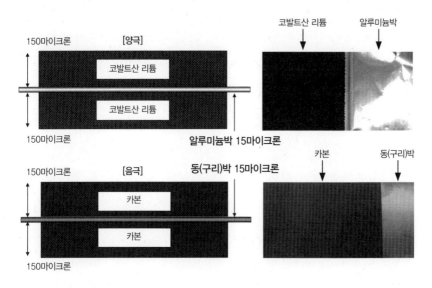

[그림 7-2] 리튬이온전지의 전극 단면(왼쪽)과 전극의 표면 사진(오른쪽)

리튬이온전지의 전극은, 전기를 모으는 집전체라는 금속의 심재에 양극에는 코발트산 리튬을, 음극에는 카본을 발라서 만들어진다. 이 심재의 금속으로는 양극에 알루미늄, 음극에 동(구리)이 사용되고 있으며, 두께는 각각 15마이크론 정도밖에 되지 않는 무척 얇은 것이다. 그 얇은 금속박(호일)에 150마이크론 정도의 두께로 전극 재료를 바른 것인데, 이 얇은 금속박(호일)에 전극 재료를 도포하는 것은 리튬이온전지 특유의 작업이다.

실험실 레벨의 시험제작품을 만들었을 때는, 이 도포 작업을 수작업으로 하였다. 그래도 아무 문제가 없었지만, 유저 워크를 위한 샘플을 그렇게 만들 수는 없었다. 수량이 많아서 하나하나 수작업을 할 수가 없었고, 양산을 위해서도 기술개발이 필요했다. 그러나 이것은 간단한 문제가 아니었다.

기계가 없는 것은 아니었다. 테이프나 비디오 테이프용 자기 테이프를 만드는 설비를 사용하면 좋을 것 같다는 건 알고 있었지만, 이 도포 설비는 무척 비싼 것이었다. 실험기기로도 수천만 엔, 양산 설비로는 수억 엔 가까이 하는 이 설비를 부족한 개발비로부터 변통할 수는 없었다.

그래서 또 사외 설비를 사용하게 되었다. 기기의 가격이 고가이긴 하지만 도포 공정은 많은 제품에 사용되는 기술이기 때문에, 샘플을 만들기 위한 위탁 가공을 해 줄 업체가 몇 군데 있었다. 우리는 사이타마 현 이와쯔끼 시(현재의 사이타마 시 이와쯔끼 구)에 있는 공장으로부터, 1시간당 10만 엔 정도의 요금으로 설비를 빌렸다.

이번에는 완전한 외주라고 할 수는 없었다. 양극의 소성 공정에서는 소성 온도가 다르다는 것 빼고는 도자기 기술이 거의 그대로 사용되었다. 그래서 가마 주인에게 맡겨 둘 수 있었지만, 얇은 금속박에 도포하는 기술은 그때까지 없는 기술이었다. 완전히 새로운 기술을 개발하는 것이어서 도공회사에 맡길 수만은 없었기 때문에, 부하 직원 중 한 명을 그 도공 공정에만 전념하도록 하였다.

실험실에서 테스트를 하지도 않았고, 조건도 잘 알 수 없었으므로 곤란의 연속이었다. 테이프나 자기 테이프와 같이 되지 않았다. 리튬이온전지의 전극에 사용하는 두께 15마이크론의 알루미늄박은 어느 가정의 주방에나 있는 쿠킹 호일과 같은 물건이다. 상자에 들어 있는 호일을 당겨 풀어내서, 원래대로 다시 감는 것을 생각해 보라. 실제로 해 보면 바로 알 수 있을텐데, 이것은 쉽지 않은 일이다. 어떻게 하여도 주름이 잡히는 것이다.

전극 제작에서도 동일하게 (풀어낸 호일에) 전극 재료를 도포하고, 그 후 건조시킨 다음 다시 원래대로 감아야 하는데, 처음엔 그 과정을 할 수 있는 수준이 아니었다. 도포를 하기도 전에, (호일을 주름 없이) 단지 풀고 감는 것부터 제대로 되지 않았다. 얼마 후 금속박을 제대로 풀고 감는 것이 가능해져서 도포액(양·음극 재료를 걸쭉한 스프 같은 상태로 만든 것)을 발라 보았으나, 도포 두께가 균일하지 않고 움푹 들어간 곳이 생기는 등 문제가 속출했다.

그중에서도 마지막까지 고생한 것은 주름이었다. 도포 설비에 걸어 놓은 금속박이 폭 50cm 정도였는데, 하필이면 비스듬하게 주름이 생기는 것이었다. 실제 전지의 조립에서는, 이후 공정에서 5cm 폭으로

슬릿하여(잘라서) 사용한다. 그래서 금속박의 가장자리와 평행하게 주름이 생기면 그 부분만 사용하지 않으면 되는데, 비스듬히 주름이 생기니까 전부 사용할 수가 없었다.

주름이 생기지 않도록 여러 가지 조건을 바꾸어 가며 실험해 보면 좋겠지만, 마치 택시 요금처럼 1시간마다 10만 엔씩 비용이 발생하니 계속해서 그렇게 시간을 사용할 수는 없었다. 그러던 어느 날, 부하 직원으로부터 주름이 안 생기는 조건을 알았다는 보고가 왔다.

어떻게 알았는지 물어봤더니, 주름이 생기는 장소를 찾기 위해서 도포 설비의 건조 구역에 들어갔다는 것이다. 외부로부터 온도와 풍량 등의 조건을 변화시켜 볼 시간이 없다면, 어디에서 어떤 이유로 주름이 생기는지를 직접 자신의 눈으로 확인하려고 한 것이다. 건조 구역에 잠입해서 본 결과, 주름은 건조 존(zone)의 특정 장소에서 발생하는 것을 알았다고 한다. 이제 조건을 바꾸어 테스트하더라도 그 장소만 바꾸면 되기 때문에, 시간도 수고도 큰 폭으로 줄일 수 있었다. 그리하여 마침내 주름이 잡히지 않는 조건을 찾게 되었다.

건조 존(zone)은 100℃ 이상의 열풍이 흐르는 위험한 장소이다. 이쪽에서 잠입해 보라고 지시를 할 수 없는 것은 물론이고, 사전에 보고가 있었다면 못하게 했을 일이다. 이를 칭찬해야 하는지 꾸짖어야 하는지 잘 모르겠지만, 그의 용기(?) 덕분에 주름 문제를 해결한 것은 사실이다.

원재료가 확보되고 전극도 만들 수 있게 되어, 드디어 샘플 제작이 시작되었다. 그렇지만 전지의 조립은 수작업으로 이루어졌고, 이렇게 우리는 유저 워크에 임하게 되었다.

사업화의 길 ❷
유저 워크는 디지털 카메라부터

유저 워크 제1호

유저 워크에 필요한 재료를 확보한 우리는 곧 바로 신형 2차 전지
의 유저 워크가 가능한 기업과의 접촉을 시작하였다. 1985년 경의 일
이다.

최초로 흥미를 보인 곳은 동경 히노 시에 있는 카메라 제조업체였
다. 당시는 휴대전화도 노트북 PC도 없었으므로 그러한 분야가 아니
라는 것은 이해되었지만, 그렇다 하더라도 카메라는 의외였다. 당시의
카메라는 대부분 기계 동작으로 움직이는 제품이었고 전지를 사용하
여 움직이는 기능은 거의 없는, 더욱이 고성능 소형 2차 전지를 필요
로 하는 기기가 아니었기 때문이다.

그럼에도 불구하고 그 업체는 그들이 개발하고 있던 '새로운 방식

의 카메라' 때문에 소형 2차 전지를 필요로 한 것이었다. '새로운 방식'
이란 지금의 디지털 카메라이다. 물론 당시는 100% 필름 사진의 시대
로, 아직 '디지털 카메라'라는 용어조차 없을 때였다. 그때 그 제조업
체로부터 들은 이야기는, 대략 다음과 같은 내용이었다.

어쨌든 전혀 다른 방식의 사진이 필름 사진을 대신할 시대는 온다.
그 새로운 방식에 의한 새로운 카메라를 현재 개발하고 있으나, 유감
스럽게도 지금은 아직 그 카메라로 촬영한 화상의 해상도가 낮아 필름
사진을 대체할 만큼의 레벨이 아니다. 단, 이 새로운 방식의 카메라에
는 연사 기능이 있어, 50프레임의 연속촬영이 가능하다. 이것은 필름
카메라로는 불가능한 것으로, 이 연사 기능을 살린 용도로부터 상품화
를 진행하려고 생각하고 있다. 그런데 실제 테스트를 해 보니 본체의
카메라가 가진 기능을 발휘하기 전에, 즉 연사가 50프레임에 도달하기
이전에 전지가 다 방전되어 충분한 테스트마저 할 수 없었다. 이 때문
에 50프레임의 연사를 버틸 소형·경량의 2차 전지가 필요하다는 것
이었다.

연사 기능은 디지털 카메라가 최초로 세상에 나온 1990년부터
1990년대 중반에 거쳐서 즐겨 사용되었다. 골프를 좋아하는 사람은 자
신의 스윙 모습을 연사로 찍어 자세를 연구하기도 하였다. 카메라 제
조업체도 그러한 용도를 예상하고 있던 것이다. 카메라 본체는 50프레
임의 연사 기능이 가능한데 전지의 성능 때문에 그 기능을 발휘할 수

없다는 것은 카메라 개발자 입장에서는 무척 아쉽게 느껴지는 일이었고, 우리에게도 전지라는 물건의 중요성을 다시 한번 일깨워 주는 일이었다.

카메라 제조사에 샘플을 건네 주고 평가를 받기로 하였고, 수개월 후 '제대로 50번의 연사가 가능했다'는 평가를 받았다. 이후 이 새로운 카메라의 상품화는 시기상조라고 여겨져 중지되었고, 그 시점에서 샘플 평가도 종료되었다. 하지만 이 평가에서 신형 2차 전지의 개발을 가속시킬 수 있는 수많은 정보를 얻을 수 있었다.

8mm 비디오 카메라의 상품화

새로운 방식의 카메라에 대한 유저 워크가 끝난 후에 곧이어 이 신형 2차 전지에 큰 관심을 가진 기업이 나타났다. 바로 '소니(SONY)'였다.

그때는 가정용 비디오 레코더의 규격 분쟁(이른바 베타와 VHS의 전쟁)이 거의 결말에 이른 상황이었다. 이 싸움에서 승리하여 표준규격이 된 VHS 테이프는 폭 12.7mm, 외형 사이즈 188×104×25mm로서, 무척 크고 다루기가 쉽지 않았다.

그래서 새로운 비디오 테이프의 규격으로 고안된 것이 8mm 비디오 테이프이다. 테이프의 폭은 이름 그대로 8mm이고, 테이프 전체 사이즈도 오디오 카세트 테이프에 가까운 것이었다. 이렇게 콤팩트한 사이즈임에도 녹화 시간 2시간을 달성하여, VHS를 대신할 새로운 비디오 규격으로 기대되었던 것이다.

매우 치열했던 베타 대 VHS 비디오 규격 전쟁 때문에 업계 전체가 소모되어 버렸다는 반성으로부터, 8mm 테이프는 차세대 비디오의 통일 규격이 되었다. 8mm 비디오 규격의 제창자이며, 이전의 베타 대 VHS 전쟁에서 대패했던 소니(SONY)로서는 8mm 비디오 카메라 시장에서 절대 패할 수가 없었다.

8mm 비디오 자체는 원래 (TV용) 거치식 비디오 레코더로 생각되었지만, 사이즈가 작고 되감기가 편하다는 장점을 최대한 살리기 위해 촬영과 재생이 가능한 카메라 일체형 레코더가 주력이 되었다. 8mm 비디오의 제1호기는 1985년에 소니(SONY)가 발매하였다. 그런데 테이프는 작아졌지만, 비디오 카메라 전체적으로는 사이즈가 작아지지 않았다. 테이프가 작다는 중요한 장점을 제대로 살리지 못한 것이다.

그래서 소니(SONY)는 비디오 카메라 자체의 소형화를 목표로 하였다. 같은 해에 손바닥 사이즈의 녹화전용 비디오 카메라('핸디캠'이라고 칭해짐), 다음해에는 재생도 가능한 손바닥 사이즈의 비디오 카메라를 발매했다. 그러나 그보다 작고, 더 가벼운 것을 만들자는 프로젝트가 시작된 것이다.

새로운 비디오 카메라(이후에 '패스포트 사이즈 핸디캠'이라고 세상에 나옴)의 개발에 있어서 2가지의 과제가 있었다. 첫 번째는 화질의 문제였다. 사람의 눈에 해당하는 CCD(촬상소자)의 화소수는 25만 화소(풀 하이비전은 207만 화소)여서, 만족할 만한 화질을 얻지 못했다. 이 CCD의 화소수 향상이 첫 번째 중요한 과제였다.

그리고 또 하나의 과제는 전지였다. 사실 비디오의 통일 규격이 된 것은 8mm였지만, 여전히 라이벌도 존재했다. VHS 테이프의 콤팩트 버전인 VHS-C이다. 작은 사이즈를 살려서 비디오 카메라에 채용된 것이었는데, 이 VHS-C에는 카세트 어댑터를 사용하여 기존 VHS 레코더에서 재생할 수 있다는 장점이 있었다. 이미 가정에 있는 비디오 레코더로 재생 가능하다는 것이 '세일즈 포인트'였다. 하지만 VHS-C의 녹화 시간은 겨우 20분이었다(나중에 40분으로 연장됨). 이에 비해 8mm 비디오 테이프는 표준 화질로 2시간의 녹화가 가능했다. 이렇게 녹화 시간이 긴 점은 8mm 비디오의 커다란 장점이었다.

그런데 여기에도 문제가 있었다. 종래의 니켈카드뮴(니카드)전지로 2시간을 구동 가능하게 하려면, 카메라의 크기가 작아지지 않았다. 그렇다고 해서 본체의 작은 사이즈에 맞추어 전원을 작게 하면, 녹화 시간이 30~40분으로 줄어든다. 본연의 8mm 핸디캠의 장점이 줄어 버리는 것이다. 그래서 소니(SONY)는 중량과 체적 모두가 니카드전지의

3분의 1정도인 전지가 필요했던 것이다.

니카드 1/3의 무게(중량)와 크기(체적)란, 우리가 개발한 신형 2차 전지에 딱 들어맞는 조건이었다. 이를 통해 우리의 개발 목표가 틀리지 않았다는 것에 자신감을 갖게 되었다.

소니와의 유저 워크가 시작되었고, 이것은 공동 개발에 가까운 형태로 5년 가까이 계속되었다. 그리고 유저 워크의 과정에서 QCD(품질/가격/조달)의 구체적인 그림이 보다 선명해졌다.

미국에서의 시험제작

소니와의 유저 워크가 본격화되자, 필요한 샘플의 수도 늘어 갔다. 그 숫자가 하루에 수백 개 수준에 이르자 수작업의 한계가 드러났다. 무언가 하지 않으면 안되었다.

원래대로라면 직접 전지조립 설비를 도입하여 자력으로 개발해 가야 했으나, 아사히카세이에는 전지의 조립 기술 기반이 전혀 없었다. 그리고 이 신형 전지의 전극 구조는 종래의 전지와는 크게 달라, 기존 설비를 도입해서 될 문제가 아니었다. 이는 개발에 필요한 사람, 돈, 시간 그 어느 점에서도 쉽지 않은 것이었다. 이렇게 되니 작업을 밖으로 빼는 외주 대작전을 생각하게 되었다.(이것은 양극 재료와 분리막 재료 과정에서도 있었다.)

　회사 밖에서 전지조립 설비의 활용을 모색하였으나, 어려운 문제였다. 이후 자세히 이야기하겠지만, 아사히카세이 단독으로 할 수 있을지, 다른 업체와 손을 잡을지에 대한 부분이 명확해지지 않고서는 일본의 다른 업체에 시험제작을 의뢰할 수 없었다. 그러나 전지에 대한 사업구상까지 논의할 단계는 아니었기 때문에, 장래 사업구상이 확실치 않은 단계에서 일본의 전지 제조업체에 시험제작을 의뢰하는 것에는 어려움이 있었다.

　시험제작이 일본에서 안 된다면, 해외에서 할 수밖에 없었다. 해외 중에서 가능한 곳은 우선 미국이었다. 미국에서 가능할 것이라고 생각한 이유가 있었는데, 미국은 일본과 전지 산업의 구조가 다르다는 점이었다. 일본의 전지 산업에서는 대형 전지업체는 존재하지만, 중소기업이나 벤처 분위기의 전지 메이커는 존재하지 않는다. 벤처 수준의 전지 메이커가 대응할 만한 니치 마켓이 없었기 때문이다. 한편 미국에는 일본과 동등한 대형 전지 메이커도 당연히 존재하였고, 그 이외에 NASA나 군사 용도 전지 시장과 같은 벤처 기업이 대응 가능한 특수한 시장도 존재했다. 이러한 회사가 있으니 외주 전지 조립을 해 줄 가능성이 있다고 생각했다.

　그래서 미국에서 시험제작을 해 줄 업체를 찾아본 결과, 캘리포니아

주 먼로 파크의 스탠포드 대학 근처에 있는 벤처 전지업체가 제작을 맡게 되었다.

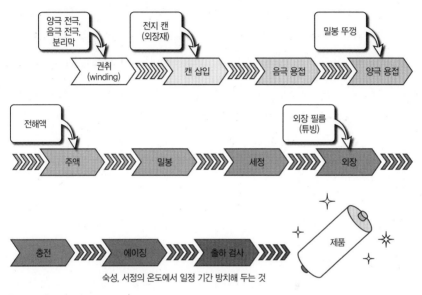

[그림 8-1] 전지의 조립 공정

일본에서 전극과 세퍼레이터(분리막), 전해액을 보내어 먼로 파크에서 조립을 해 보았는데, 시험제작 결과는 90% 실패, 10%의 성과였다. 이는 만들어진 시험제작품의 90%가 불량품이고, 사용할 수 있는 제품이 10%라는 의미가 아니다. 90%가 실패였다는 것은, 지금까지의 전지에는 없던 전극이었으므로 전지 제조 효율이 오르지 않고 하루에 수백 개를 안정적으로 조립하는 것이 불가능했다는 것이다. 즉,

생각대로 생산이 안 되었다는 것으로, 기존의 설비로 만드는 방법이 실패였다는 것을 뜻한다.

그리고 10%의 성과란 어려운 공정이 확실하게 특정되었다는 것을 의미하는데, 그 어려운 공정은 권취(Winding, 감는) 공정을 말한다. [그림 8-1]의 전지 조립 공정 중 권취 공정이란, 양극과 음극과 세퍼레이터(분리막)를 끼워서 빙글빙글 감는 전지 조립의 최초 공정이다.

먼로 파크에서 나온 불량품의 대다수는 이 공정에서 발생했다. 빗나가서 감기는 등의 불량이 번번이 일어났던 것이다. 그 외의 공정에서는 특별히 큰 문제가 없었으므로, 이것이 먼로 파크에서의 유일하고 중요한 성과라고 할 수 있겠다.

나는 이 결과를 통해 권취 공정에 대해서만 정밀한 설비를 도입하면 되겠다고 생각했다. 조사해 보니, 이 신형 전지의 권취 공정과 매우 닮은 것이 전해 콘덴서의 제조 설비인 것을 알게 되었다. 그리고 그 제조 전문업체가 시가 현의 크사츠 시에 있다고 해서, 나는 전극과 세퍼레이터를 가지고 크사츠 시로 향했다. 크사츠 시의 업체 사장에게 귀사의 설비로 이 전극과 세퍼레이터를 정밀도가 좋게 권취할 수 있을지를 물으니, 의아한 얼굴로 조금만 설비를 개조한다면 가능할지 모르겠다고 대답해 주었다.

도착한 견적 금액은 2000만 엔 정도로 꽤 큰 금액이었지만, 이 설비가 없으면 유저 워크도 진행할 수 없다고 회사를 설득하여 구입할 수 있었다. 수개월이 걸리는 테스트를 반복하여, 신형 2차 전지용 권취기 제1호가 완성되었다. 권취 이외의 공정은 변함없이 수작업이었지만, 그래도 이 권취기의 도입으로 인해 하루에 수백 개의 전지 샘플을 만들 수 있게 된 것이다.

양극 리드(알루미늄 금속)

양극(코발트산 리튬)

세퍼레이터(분리막)

음극(카본)

음극 리드(구리 금속)

[그림 8-2] 리튬이온전지의 구조. 시트상의 양극과 음극의 사이에 세퍼레이터(분리막)를 끼워 감아 나감. 리드는 모여진 전류를 전극 단자로 흘려보내기 위한 금속부.

덧붙여 이야기하면, 이 신형 2차 전지용 권취 기계에는 아사히카세이 대표이사의 권유로 KYW라는 이름이 붙여졌다. K는 크사츠 시의 설비 업체, Y는 본인 이름인 요시노의 이니셜에서 따왔고, W는 Winder (권취기)를 의미한다.

이 KYW와 그 후속 설비는 이후 리튬이온전지의 데 팍토 스탠더드(de facto standard, 사실상의 표준) 같은 표준 설비가 되었고, 지금까지도 세계적으로 사용되어, 크사츠의 제조업체는 계속 톱 셰어를 유지하고 있다. 외주 대작전 해외편은 실질적으로는 실패였지만, 그 실패로부터 권취 기술의 확립이라는 성과를 손에 넣을 수 있었다.

사업화의 길 ❸
품질, 가격, 공급체제에 적합한가?

신형 2차 전지 사고의 파문

소니와의 유저 워크는 순조롭게 진행되고 있었다. 이 유저 워크의 중심 목적은 QCD를 보다 명확히 하는 것이었다. 특히 Q(품질, Quality)에 관하여 상세한 평가기준을 설정하여, 그 기준을 만족하지 않는 것은 바로 개선하기로 하였다. 하나의 과제가 해결되었다고 생각하자마자 곧 다음 과제가 나타났다. 매일 이러한 것을 반복했더니 조금씩 신형 전지 사업화의 길이 보이기 시작했다.

그러던 중, 1987년 여름에 갑작스럽고 기막힌 뉴스가 날아왔다. NTT가 일본에서 최초로 개발한 핸드 타입 휴대전화기 TZ-802에 탑재된 전지가 발화했다는 것이다. 게다가 그 전지는 신형의 2차 전지였다.

TZ-802는 자동차 전화에서 핸드폰으로 바뀌어 가는 전화 중 최초의 휴대전화였다. 핸드 타입이라고는 하지만 무게가 900그램이나 되어 결코 가벼운 것이 아니었다. 그러나 이것은 현재의 휴대전화로 진화하는 데 원점이 되는, 기념비적인 1호 제품이었다. 이런 기념비적 기기에서 전지가 발화 사고를 일으켰으니 엄청난 것이었다.

이 TZ-802에 탑재되었던 전지는, 캐나다 몰리(Moli) 에너지사가 개발한 신형 2차 전지였다. 양극에는 이황화 몰리브덴, 음극에는 금속리튬을 이용한 것이었다. 사고의 원인은 전지 내부에서 단락(쇼트)이 발생하여, 이상 발열을 일으키며 발화로 이어진 것이다. 사고가 일어나자 즉각 TZ-802의 회수가 시작되었고, 몰리(Moli) 에너지사의 신형 2차 전지도 생산이 중지되었다.

이 경악스러운 뉴스가 우리의 신형 2차 전지의 개발에 크게 영향을 준 것은 당연하였다. 그런데 그 영향이 나쁜 것만은 아니었고, 역풍과 순풍의 양면을 가지고 있었다. "역시 신형 2차 전지는 안전성에 문제가 있어 상품화는 어렵단 말이야." 이러한 목소리가 당연히 높아졌는데 이것은 역풍이었다. 한편, "역시 금속리튬을 음극으로 사용하는 것은 안전성에 문제가 있어. 그러니 음극에는 금속리튬이 아닌 카본을 사용해야 해."라는 목소리도 있었다. 이는 우리가 개발하고 있는 신형 2차 전지에 있어서 순풍이 되었다.

이와 같은 미묘한 상황 속에서도 우리는 앞으로 나아갈 수밖에 없었다. 그때까지 신형 2차 전지의 안전성에 대해서는 사내에서도, 소니의 유저 워크에서도 충분히 확인해 왔다. 하지만 일어난 사고를 보고 기준을 다시 고쳐 새로운 안전화 기술도 받아들이기로 했다.

몰리 에너지사의 전지 발화에 대한 사고 원인이 철저히 규명되었고, 그 조사 결과가 공표되었다. 역시 문제는 음극 재료인 금속리튬에 있었다. 그 조사 결과는 전지의 안전성에 대한 무척 중요한 시사점을 보여 준 것이었으며, 이 사고 원인의 철저한 규명이 리튬이온전지가 세상에 나올 수 있는 커다란 힘이 되었다고 생각한다.

이 전지를 어떻게 사업화할 것인가?

신형 2차 전지를 제품으로 만들기 위한 목표가 세워졌고, 드디어 아사히카세이가 사내에서 이 신형 전지를 어떻게 세상에 등장시킬 것인지에 대한 논의가 시작되었다. 1989년의 일이다.

최초에 논의된 것은 다음과 같다.

1. 시장이 요구하는 품질(안전성을 포함)에 합치되는가? Q(Quality)
2. 시장이 요구하는 코스트(가격)에 합치되는가? C(Cost)
3. 시장이 요구하는 시기에 안정적으로 공급 가능한가? D(Delivery)

그야말로 QCD에 대한 논의였다. 이에 대해서는 소니라고 하는 빅 유저와 함께 충분히 검토한 것이 있어서, 비교적 큰 문제없이 해결되었다.

이어서 구체적인 사업화 전략에 대한 토론을 진행했다. '어떠한 형태의 사업으로 할 것인가?'라는 점이 이야기되었는데, 아사히카세이가 취할 수 있는 선택은 대략 다음 3가지가 될 것이라 생각되었다.

1. 모처럼 아사히카세이가 단독으로 개발했으니, 전지 사업도 아사히카세이 단독으로 진행
2. 아사히카세이는 전지에 대해서는 처음이므로, 경험이 풍부한 합병회사를 만들어 진행 (조인트 벤처)
3. 전지를 만드는 사업은 하지 않고, 라이선스 제공에 의한 이익을 얻는 것으로 진행

상정된 3가지 타입 중에 어떠한 형태를 취할 것인가에 대한 결론이 쉽게 나지 않았다. 어찌되었든 이 중에서 하나를 선택하게 되므로, 어떠한 경우라도 대응할 수 있도록 준비를 하게 되었다.

단독 사업에 대비하여 생산 기술, 특히 전지 조립 기술을 자력으로 개발 가능하도록 엔지니어링 부문도 가세하여 개발체제를 만드는 것을 병행하였다. 그리고 합병 사업을 가정하여 국내외의 전지 제조업체

에 의향을 타진했다. 이것은 본사 기획 부문이 중심이 되었다.

단독 사업이든 합병 사업이든, 특허의 취득은 사업전략상 매우 중요하게 여겨졌다. 특히 라이선스 사업을 한다면, 특허가 생명선이 된다. 그 때문에 지적재산부서와 함께 특허의 권리화를 강력히 추진하였다.

어떤 스타일에도 대응이 가능하도록 준비를 하였는데, 준비하는 동안 자연스럽게 방향성이 보이기 시작했다. 합병 사업에 적극적인 제조업체가 몇 군데 나타나, 합병회사의 사업 형태로 선회하게 된 것이다. 유력한 파트너 후보로 부상한 것은 토시바(Toshiba)였다. 1991년, 아사히카세이와 토시바는 합병회사 설립을 위한 준비팀을 합동으로 만들게 되었다.

갑자기 날아온 뉴스에 경악하다

토시바와의 합병 사업을 향해 열심히 공동작업을 하고 있던 중의 일이었다. 어느 날 경악할 만한 뉴스가 날아온 것이다. 새로운 2차 전지가 상품화되어, 그 전지를 탑재한 휴대전화가 발매되었다는 뉴스였다. 그것만으로도 무척 충격적인 뉴스였는데, 그 신형 전지를 개발한 곳이 소니(SONY)라는 것이었다.

소니와는 8mm 비디오 카메라에 신형 2차 전지를 탑재하는 것을 목표로, 친밀하게 공동작업을 하고 있었다. 우리는 소니를 어디까지나 전지의 유저(사용자)로서만 생각했었던 것이다. 그 소니가 새로운 전지를 개발했다는 사실에 당연히 놀랄 수밖에 없었다.

곧바로 소니의 신형 전지를 입수하여 조사해 보니, 양극에 코발트산 리튬, 음극에 카본이었다. 그리고 이 전지는 '리튬이온전지'라고 명명되어 있었다. 이 리튬이온전지가 소니의 사내에서 어떠한 경위로 개발되었는지 알 수는 없지만, 세계에서 최초로 리튬이온전지를 사업화한 것은 틀림없이 소니였다.

이 뉴스는 토시바와 진행하고 있던 합병회사의 준비 작업에도 큰 영향을 미쳤다. 소니에 대항하기 위해서 합병 사업을 서두르지 않으면 안 되었고, 제품화도 빨리 진행해야 했다. 이 뉴스 덕분에 아사히카세이와 토시바는 한번에 합병회사의 설립을 향해 가게 되었다. 소니의 신형 2차 전지 상품화는 충격이었지만, 한편으로는 합병회사 설립을 뒷받침해 주었다는 것도 사실이다.

토시바와의 합병회사 설립

1992년 10월, 아사히카세이와 토시바의 합병회사인 ㈜에이 · 티 배터리를 설립하여 전지 사업을 시작하게 되었다. 이때 토시바와 합의한 사업 형태는 다음과 같은 것이었다.

1. 전지의 제조 · 판매 사업에 관해서는 에이 · 티 배터리에서 진행
2. 리튬이온전지에 사용되는 전지 재료에 대한 사업을 아사히카세이에서 진행
3. 리튬이온전지에 관한 아사히카세이의 특허는, 토시바 이외의 전지업체에도 라이선싱

사실 이것은 어디선가 들은 이야기이다. 아사히카세이가 전지 사업을 행함에 있어서 상정한 3가지 형태, 단독 사업, 합병 사업, 라이선싱 사업이 여기에 모두 포함되어 있는 것이다.

우선 1번의 전지 사업은 가와사끼에 있는 토시바 공장 일각에 에이 · 티 배터리의 거점을 만들어서 시작하게 되었다. 이 에이 · 티 배터리의 사업 활동은 이후 약 10년에 걸쳐서 계속되었다.

다음 2번의 전지 재료 사업은 아사히카세이가 세퍼레이터(분리막) 등의 전지 재료를 에이 · 티 배터리에 공급함과 동시에, 에이 · 티 배터

리 이외의 전지업체에도 판로를 넓혀 가는 것으로 되었다.

3번의 라이선싱 사업은, 전지를 만들기 위한 특허를 적극적으로 에이·티 배터리 이외의 전지업체에 라이선싱 하는 것이다. 그런데 이것은 한편으로 모순되는 시나리오이다. 합병이라고는 하지만 전지회사를 하면서 경쟁관계인 타 전지업체에도 적극적으로 라이선스를 할당하는 것은, 우리가 만든 합병회사의 이점을 버리는 것이다. 그래서 토시바는 아사히카세이의 라이선스 사업을 반대할 것이라고 생각했다.

그러나 의외로 토시바는 아주 간단하게 이것을 받아들였다. 이 부분은 역시 업계의 풍토 차이인 것 같다. 전자업계에서는 재료와 부품의 구입을 반드시 복수의 회사로 하는 것을 원칙으로 한다. 리튬이온전지도 많은 회사가 참여하는 쪽을, 전지업체의 고객인 전기전자업체도 안심하고 채용하게 된다. 또 우선은 시장의 사이즈 전체를 크게 하는 것이 이득이어서, 라이선스 사업을 적극적으로 진행하는 것에 찬성한다는 것이 토시바 방식의 생각이었다. 이는 화학업계에서는 있을 수 없는 발상이었다.

이리하여 우리는 소니에게 1년 뒤쳐지긴 했지만, 에이·티 배터리라는 배를 건조하여 출범하게 되었다. 그러나 출범하자마자 폭풍우가 덮쳤다. 그것은 '다윈의 바다'라는 폭풍우였다.

신규사업을 가로막는 3개의 관문

3개의 관문

신규사업을 성공시키기 위해서는 반드시 3개의 관문을 통과해야한다는 이야기가 있다. 3개의 관문은 각각 '악마의 강', '죽음의 계곡', '다윈의 바다'라고 불리는데, 미국 서부 개척 시대를 배경으로 만들어진 말이다. 당시 골드 러쉬에 열광하여 많은 사람들이 꿈을 가지고 동부에서 서부 해안으로 떠나왔는데, 그들이 어떠한 고난을 맞닥뜨리게되었는지를 비유한 이야기이다.

동부에서부터 서부를 향해 가다 보면, 먼저 커다란 강을 만나게 된다. 이 강을 헤엄쳐서 건너지 않으면 보다 더 서쪽으로는 나아갈 수 없다. 대부분의 사람들이 강을 건너지 못하고 탈락하기 때문에, 이를 '악마의 강'이라고 한다. 이 '악마의 강'이란 아마도 미시시피강을 말하는 것 같다.

　이 '악마의 강'을 통과한 소수의 사람들이 한층 더 서쪽으로 나아가다가 만나게 되는 것이 '죽음의 계곡'이다. 이 계곡을 건너가지 못하면, 더 서쪽으로는 향할 수 없다. 이 '죽음의 계곡'은 현재 세계유산이 되어 있는 그랜드 캐니언 국립공원, 요세미티 국립공원, 불가사의한 광경이 펼쳐진 데스밸리 국립공원 등의 일대를 가르키는 것이라 생각된다. 여기서 또 대다수의 사람들이 넘어가지 못하고 탈락하게 된다.

　간신히 '죽음의 계곡'을 넘은 적은 숫자의 사람들만이 계속 서쪽으로 향하다가, 우여곡절 끝에 그리던 서부 해안에 도착하게 된다. 여기서 기다리고 있는 것이 '다윈의 바다'이다. 염원하던 서부 해안에 도착한 사람들은 꿈을 찾아서 배를 타고 출항을 한다. 그러나 그들의 대부분은 폭풍우에 휘말려 표류되거나, 겨우 도착한 곳이 갈라파고스 제도였다. 이것이 '다윈의 바다' 관문인 것이다.

　신규사업과 신규기업도 이처럼 '악마의 강', '죽음의 계곡', '다윈의 바다'라는 3개의 관문을 통과하지 못하면 성공할 수 없다는 이야기이다.

　연구개발의 경우는 '악마의 강'이라는 고독한 기초연구 작업의 고통을 견디면서, 그때까지 세상에 없었던 무언가 새로운 것을 발견하는 것에 해당된다. 다음으로 '죽음의 계곡'이란, 기초연구에서 성과를 낸 것을 제품화하고 사업화하는 개발연구의 단계이다. 여기에서는 다음으로 나아갈수록 차례차례 과제가 드러나서 그 해결책에 주야로 시달리는 날들이 몇 년이고 계속된다.

이 3가지 중에서 가장 힘든 것은 '다윈의 바다'이다. 개발연구에서의 여러 과제를 해결하고, 염원하던 사업화가 이루어졌다. 공장이 완성되고 신제품이 세상에 나오게 되었으나, 세상 사람들이 그 제품을 금방 사 줄 리가 없다. 사람들이 신제품의 가치를 인정하여 시장이 돌아가기까지 또 몇 년간의 시간이 걸리는 것이다. 이것이 '다윈의 바다'이다. 여기에 도달하기까지 거액의 연구개발 투자, 공장 건설을 위한 설비 투자가 발생했는데, 그럼에도 불구하고 신제품이 팔리지 않으니 얼마나 고통스러운 일인가?

이러한 3가지의 관문을 리튬이온전지에 대입해 보면, 대략 다음과 같다.

악마의 강, 1981~1985년
폴리아세틸렌 연구로부터 시작하여, 시행착오를 겪으며 현재의 리튬이온전지의 발명에 도달하기까지 기초연구의 고난

죽음의 계곡, 1986~1990년
사업화를 향한 연구개발까지 진행되었으나 차례차례 이어서 나오는 과제의 해결에 쫓기고, 최종적으로 사업화 판단을 하기까지의 고난

다윈의 바다, 1990~1995년

공장이 완성되어 리튬이온전지를 세상에 내놓았지만 한동안 팔리
지 않고, 시장이 돌아가기까지의 수년간의 고난

이와 같이 리튬이온전지의 경우에는 '악마의 강', '죽음의 계곡',
'다윈의 바다'가 각각 약 5년간이었다. 실험실 비커 스케일의 연구로
부터 시장이 움직이기 시작하기까지, 15년이라는 시간이 걸린 것이다.
이것은 결코 길지도 짧지도 않은, 신제품 사업화에 있어서 표준과 같
은 모습이라고 생각한다.

관심과 구매 행동 간의 미묘한 관계

'다윈의 바다'라는 현상은 왜 일어날까? 원리적으로는 신제품의 사
업화 판단기준인 QCD를 만족하고 있다면, 신제품을 세상에 만들어
내놓으면 곧 팔릴 것이다. 그러나 실제로 그렇게 되지 않는 것은, '몇
가지가 성숙할 때까지'라는 눈에 보이지 않는 원인이 작용하고 있기
때문이라고 생각된다. '관심은 있지만, 사지는 않는다'라는 기묘한 현
상이 있는 것이다.

우리는 디지털 카메라부터 시작하여, 개발단계 마지막에서는 8mm 비디오 카메라를 집중적으로 유저 워크의 대상으로 진행하였다. 그리고 1990년에 들어서는 휴대전화와 노트북이라는 신제품이 세상에 나오게 되었다. 이 시기에 나는 수많은 제조업체를 방문하여, 〔그림 10-1〕의 사진과 같은 데몬스트레이션을 이용하여 리튬이온전지의 특징을 설명하였다.

리튬이온전지는 하나에 4V 이상의 기전력(전압)이 있고, 이것은 기전력 1.2V의 니카드전지 3개에 해당한다. 거기다 외형 치수는 니카드전지 3개와 같기 때문에 바꾸어 끼울 수 있고, 작동시간은 단번에 3배가 된다. 이와 같은 설명에 대해서는 어느 업체라도 무척 높은 관심을 보여 주었다. 긍정적으로 고려해 보겠다라는 목소리가 대부분이었던 것이다. 그리고 샘플을 건네주고 시험 사용을 해 보았지만, 구체적 상담까지는 잘 이어지지 않았다.

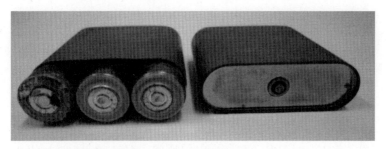

[그림 10-1] 니카드(니켈카드뮴)전지 3개(왼쪽)와 리튬이온전지 1개

즉, '관심은 있지만, 사지는 않는다.'는 상황인데, 이것이 가장 골치 아픈 것이다. '관심이 없으니, 사지 않겠다.'라고 하면 QCD에 대한 판단이 부족했다는 것으로 체념할 수 있었지만, 그렇지는 않았다. 거기에는 무언가 다른 요소가 있는 것 같았는데, 이 동안의 사정을 나중에야 들을 수 있었다.

8mm 비디오 카메라나 휴대폰, 노트북 등의 기기에서 2차 전지의 소형·경량화가 중요하다는 것은, 대부분의 업체들이 충분히 인식하고 있었다. 이들 전자 기기에 신형 2차 전지를 탑재하여 작동시간을 3배로 한다면, 본 기기들의 압도적 우위가 생긴다. 그러나 시장에서의 실적이 없는 신형 2차 전지를 탑재시키는 것은 역시 리스크가 있으므로 몇 가지가 성숙할 때까지 준비를 해 두고, 그때가 오면 곧 대응 가능하도록 한다는 것이 그들의 의도였다.

정말 그렇겠다고 공감이 되는 이야기였다. 다시 말해, 그들은 '앞장서서 선두를 달리는 것은 리스크가 있어서 싫지만, 뒤처지는 것도 곤란하다. 누군가가 앞서 나가려고 하면, 곧바로 움직일 수 있게 해 두고 싶다.'라는 생각이었다.

이 '관심은 있지만, 사지 않는다.'는 것을 더 정확하게 표현하자면, '관심은 있지만, 몇 가지가 성숙할 때까지 사지 않는다.'라고 하는 것이 맞겠다. 그리고 이것이 '다윈의 바다'의 특징적인 현상이라는 생각이 들었다.

그렇다면 그 '몇 가지가 성숙한' 때는 언제라는 것인가?

어느 날 갑자기 불어온 신바람

1993년, 휴대폰의 기술 영역에서 커다란 사건이 일어났다.

그전까지의 휴대폰은 아날로그 방식의 음성통화에 대응한 통신시스템을 사용하고 있었다. 1G라고 불리는 이것은 '1st Generation'의 약칭으로 제1세대를 말한다. 이 휴대폰의 통신시스템이 전혀 새로운 디지털 방식(2G)으로 변한 것이다. 이것은 휴대폰에 극적인 변화를 가져왔다.

1G의 휴대전화에서는 아날로그 음성통화만이 가능했다. 즉, 당시의 휴대폰은 어디까지나 '전화기'였던 것이다. 그러나 이것이 디지털화되어, 음성만이 아니라 데이터 통신도 가능해졌다. 메일과 디지털 파일 송수신이 가능해진 것이다.

2G로 이행된 당시에는 아직 NTT 도코모의 i-모드와 같은 서비스가 없었으므로, 실제로 메일이나 인터넷 웹을 사용할 수 있기까지는 조금 더 시간이 필요했다. 하지만 원리적으로 이 단계에서 휴대폰은 단순한 전화기가 아닌, 들고 다닐 수 있는 '정보 단말기'가 된 것이다.

생각하기 따라서는 모바일 IT가 여기서부터 시작되었다고 해도 과언이 아닐 정도로 큰 사건이었다.

니켈카드뮴전지 5개

1G로부터 2G로의 이행에 즈음하여, 또 하나의 중요한 변화가 있었다. 단말IC의 작동전압이 3V로 저전압화된 것이다. 1G 휴대전화의 IC회로 작동전압은 5.5V였다. 1G 휴대

리튬이온전지 2개

[그림 10-2] 1G(제1세대)에서의 5.5V(볼트) 구동전원설계 이미지

폰에서 사용된 2차 전지는 니카드(니켈카드뮴)전지였는데, 니카드전지의 전압은 1.2V이므로 5.5V를 얻기 위해서는 5개의 전지를 사용해야 했다.

당시에는 니카드전지를 리튬이온전지로 바꾸면 2개로 족하다고 어필해도 잘 받아들여지지 않았다. 어차피 둘 이상의 전지를 사용해야 한다면, 굳이 리튬이온전지로 바꾸지 않아도 괜찮다는 느낌이었다.

그러나 작동전압이 3V로 내려감으로 인해 사정이 크게 바뀌었다. 3V로 내려가도 니카드전지는 아직 3개가 필요했다. 하지만 4V 이상의 전압을 가진 리튬이온전지라면 1개로 되는 것이다. 2개와 1개는 큰 차이로, '1개면 된다'라는 것은 중요한 장점이 되었다.

연도	휴대전화		PHS	
	인구보급률	계약수	인구보급률	계약수
1989	0.30%	35980	–	–
1990	0.60%	85638	–	–
1991	1.10%	153230	–	–
1992	1.40%	200507	–	–
1993	1.70%	249916	–	–
1994	3.80%	542350	–	–
1995	9.60%	1394144	0.60%	82226
1996	19.80%	2884252	3.20%	472728
1997	29.30%	4275205	3.40%	501340
1998	38.60%	5655032	2.00%	292049
1999	47.50%	6996302	1.80%	265323
2000	56.00%	8263070	2.10%	308171

[그림 10-3] 휴대전화 · PHS의 연도별 계약수의 추이. 도까이 지역(기후, 시즈오까, 아이치, 미에)의 데이터(자료: 총무성 도까이 총합통신국 홈페이지)를 기준으로 작성. PHS는 1994년까지 통계 없음.

예전부터 우리가 "리튬이온전지라면 니카드전지 3개를 대체하며, 구동시간도 3배로 늘어난다."라고 어필한 것이 실현 가능하게 된 것이다. 바로 이 전지 하나만 사용해도 된다는 것 때문에 휴대전화의 전원이 리튬이온전지로 바뀌게 되었다. 이러한 흐름이 결정된 것은 1995년 쯤이다.

[그림 10-3]은 휴대전화와 PHS의 인구보급률과 계약수의 비교표이다. 이 표에서 2G 이행(1993년)을 경계로 보급율이 크게 늘어 가는

것을 확실히 알 수 있다. 그 후의 보급 속도는 놀라울 정도여서 1995년에 흐름이 본격화된 지 불과 5년 뒤인 2000년에는 인구보급율이 50%를 넘었다.

이러한 보급의 이유 중 하나가 단말기의 소형·경량화로 사용 편리성이 향상된 것에 있다는 이야기가 자주 거론되고 있다. 그리고 소형·경량화에 대한 리튬이온전지의 공헌은, 결코 작은 것이 아니었다.

또 하나의 흥미로운 통계를 소개하고자 한다. 〔그림 10-4〕는 리튬이온전지에 관한 공개특허 건수의 추이이다. 연구가 시작된 1981년부터 1990년대 초까지는 수면 아래에서 연구개발 중이었으므로 특허의 출원 건수가 매우 적었지만, 리튬이온전지가 세상에 나온 1990년 이후로 조금씩 증가하고 있다. 그러다 시장이 단번에 확대된 1995년 이후에 건수가 급속히 증가했다. 특히 1998년부터 2002년까지의 증가가 눈에 띈다.

이것은 당연한 현상으로, 리튬이온전지라는 새로운 제품이 인지되자 많은 기업과 연구기관이 일제히 연구를 개시하여 연구개발 경쟁이 격렬해진 것이다. 그리고 그 성과가 특허의 출원으로 이어진 것이었다.

일본의 특허제도는, 특허의 출원에서부터 1년 반이 경과된 시점에 공개된다. 또 특허출원에 이를 때까지 최단 1년 반 정도의 연구개발 기간이 필요하므로, 1995년 정도부터 리튬이온전지에 관한 연구가 왕성해져 1999년쯤에 피크를 이룬 것을 나타내고 있다.

1995년 전후에 일어난 변화, 즉 IT혁명이 이를 배경으로 하고 있음을 확실히 알 수 있다.

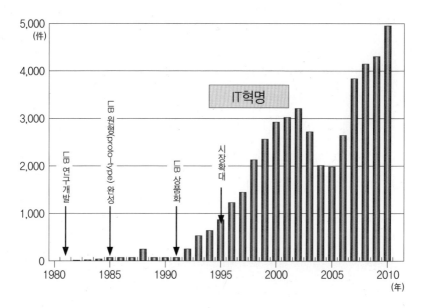

[그림 10-4] 리튬이온전지(LIB)에 관한 연차별 공개특허 건수. 특허청 공개특허 정보를 기준으로 작성.

경쟁하듯 연구개발이 행해지는 상태가 7~8년 이어지면, 점차 제품으로서 성숙하게 된다. 또 각 기업 간의 세력 경계가 굳어져서, 연구개발 경쟁이 원만해지고 조금 차분해진 사업환경이 된다. 리튬이온전지의 경우는 그 시점을 2003년쯤으로 볼 수 있을 것 같다.

[그림 10-4]에서 2007년 이후에 또 하나의 커다란 피크가 보이는데, 이 피크가 무엇을 의미하는지에 대해서는 이후에 설명하겠다.

또 하나의 순풍

그리고 마침 그때, 전세계의 눈을 IT와 정보화 사회로 향하게 할 사건이 있었다. 바로 윈도우95의 발표이다.

[그림 10-5]는 일본의 PC 세대 보급률 추이이다. 1995년 이전에는 줄곧 변동이 별로 없었으나, 1995년부터 급격하게 숫자가 상승하고 있다. 윈도우95의 특징 중 하나는 네트워크 기능이다. 이것이 커다란 화제를 불러일으켜 발매일에 심야부터 긴 대기 행렬이 만들어지는 등의 사회현상이 발생되었다.

사실 PC에서의 인터넷 접속은 그 이전부터 가능했고, 또 한편으로 당시에 일반 가정에는 쉽게 인터넷 접속이 가능한 통신 인프라가 아직 구축되어 있지 않았기 때문에, 윈도우95의 등장이 곧바로 인터넷 사회의 실현이라고 할 수는 없었다.

하지만 새로운 PC용 오퍼레이션 시스템(기본 소프트웨어)이 발매되었고, 이것이 큰 화제가 됨으로 인해 세상의 눈길이 네트워크와 정보 분야에 향하게 되어, 많은 사람들이 무엇인가 새로운 시대가 다가올 것 같은 기대감을 가졌다는 사실은 틀림없었다.

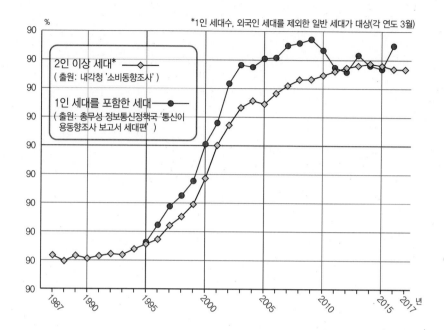

[그림 10-5] 일본의 PC 세대 보급률

또 이러한 사회 분위기가 휴대전화와 PHS, 노트북 등 모바일 IT 기기의 개발과 보급에 순풍이 되었다는 것도 의심할 여지가 없다. 그야말로 '몇 가지가 성숙'한 것이다.

한 가지 뒷이야기를 덧붙이자면, 3V 구동회로 역시 시장에서 잘 받아들여지지 않았다고 한다. 3V화의 장점이 인정되지 않아 그들도 우리와 같이 '다윈의 바다'에서 표류하고 있었던 것이다. 당시 그들은 우리의 상품화 메리트(장점)를 다음과 같이 설명했다고 한다.

"아직 세상에 퍼져 있지는 않지만, 리튬이온전지라는 것이 있다. 우리의 회로는, 이 전지라면 1개의 전지로 작동가능한 것이 된다." 이렇게 리튬이온전지를 예로 들면서, 자신들의 장점을 어필한 것이다. 3V 구동회로와 리튬이온전지는 서로의 존재가 있었기 때문에 우위성을 인식시키는 데 성공한 것이다.

우수한 제품이 있어도 단독으로는 '다윈의 바다'를 건너기가 쉽지 않다. 리튬이온전지와 저전압 IC회로와 같이 폭풍우에 휘말려 표류하고 있는 난파선 처지의 제품들이 손을 잡고 이해관계를 같이하여, 거기에 윈도우95와 같은 순풍을 타고 나아가는 것, 이것이 '다윈의 바다'를 건너가는 비결이다.

'다윈의 바다'를 건넌 리튬이온전지는 모바일 IT 회사의 세계적 보급에 중대한 공헌을 해 왔다. 그리고 다음의 커다란 사명에 직면하게 된다.

IT로부터 ET(에너지 테크놀로지)까지

1995년의 사람들에게 물어본다

IT혁명이 시작된 지 20년, 이 IT혁명은 세계를 크게 변화시켜 현재의 모바일 IT사회를 탄생시켰다. 이 모바일 IT 세상에서 우리는 지극히 당연한 듯이 살고 있다.

그런데 벌써 나에게는 IT혁명에 이어서 또 다른 큰 변혁이 시작된 것 같은 느낌이 든다. 다음의 변혁이란 무엇일까? 그리고 그 다음의 변혁은 어떠한 새로운 사회를 가져오는 것일까? 다음의 변혁이 초래할 새로운 사회를 예측할 수 있는 힌트는 IT혁명의 20년간의 궤적 안에 있을 것이다.

1995년의 사람들은 현재의 모바일 IT 사회를 상상할 수 있었을까? 당시의 사람들에게 현재의 상황을 설명하더라도, 당연히 "그런 것은 있을 수 없다.", "믿을 수 없다.", "그런 것은 기술적으로 불가능하다." 라는 대답이 돌아올 것이다. 예를 들어, 1995년의 사람에게 "휴대폰을 가지고만 있어도 자신이 지금 어디에 있는지 지도로 확인할 수 있고, 목적지까지 가는 길을 순서대로 음성으로 안내해 준다."라고 말한다면 어떨까?(여기서 이야기하는 휴대폰이란 물론 스마트폰을 가리키는 것이나, 그 시점의 사람에게는 스마트폰이라고 하면 알 수 없으니 바꾸어 말한 것이다.)

당시에도 이미 음성 가이드가 되는 카 네비게이션은 실용화되어 있었으나 매우 고가인 커다란 장치였고, 자동차의 2%정도에만 보급 되었다(내각부 우주개발이용전문 조사회 자료). 아직은 특별한 기계로서, 이 대로 더 보급이 될지도 확실하지 않은 상황이었다.

그러나 지금은 누구나 가지고 있는 스마트폰에 무료 지도 어플을 설치하는 것으로, 자신의 현 위치와 향하고 있는 방향, 목적지까지의 루트와 소요시간도 바로 알 수가 있다. 처음 가 보는 장소라도 헤매지 않는다. 당시로서는 이러한 상황을 전혀 상상하지 못했을 것이다.

여기에 커다란 힌트가 있다. 사람들이 "그런 건 있을 수 없다.", "믿을 수 없다.", "그런 것은 기술적으로 불가능하다."라는 것을 실현하는 것이 혁명이다. 기다리고 있는 다음의 혁명이 가져다 줄 사회를 예상하는 경우에도 당연히 같은 말을 할 수가 있다. 지금 우리가 "그런 건 있을 수 없다.", "믿을 수 없다.", "그런 것은 기술적으로 불가능하다."라고 말하는 사회가 십수 년 후에는 틀림없이 실현될 것이다. 상식적인 발상으로는 미래를 예측할 수 없다. 이것이 중요한 점이다.

IT혁명에 있어서 3가지 신기와 3가지 둔기

조금 시대를 거슬러 올라가 보자. 1985년부터 1990년에 걸친 이야기로, 리튬이온전지의 개발 과정 중 '죽음의 계곡' 시기의 일이다.

어떤 유저(사용자)로부터 재미있는 이야기를 들었다. '3가지의 신기'라는 표현이다. 지금 시대 IT혁명의 구체적인 모습을 예측했던 사람은 없었지만, 무언가 세상이 변할 것이라는 점을 감지한 사람은 있었을 것이다. 그리고 그 3가지의 기간 부품이 '3가지 신기'라고 하는 것이다.

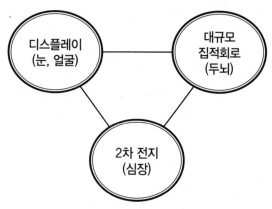

[그림 11-1] 기간 부품인 3가지 신기

그가 말하는 3가지 신기 중 하나는 두뇌에 해당하는 LSI(대규모 집적 회로)이다. LSI의 집적도가 이때부터 비약적으로 향상되어, 지금까지 믿을 수 없던 것이 평범하게 가능해질 것이라는 것이다.

두 번째는 눈 또는 얼굴에 해당하는 디스플레이다. 이 시점에서 액정(LCD)은 유력한 후보 중 하나이다(사실 이미 OLED가 한국에서 공업화되었고, 이를 바탕으로 플렉시블 디스플레이를 적용한 접는 스마트폰이 세상에 나왔다). 이 또한 중요한 기간 부품이다.

세 번째가 이러한 기간 부품들을 작동시키는 심장에 해당하는 2차 전지이다. 그는 소형·경량의 2차 전지가 반드시 실용화될 것이라고 말했다.

이 '3가지 신기'라는 말은 내게 있어서 무척 고마운 이야기였다. "신형 2차 전지가 정말로 필요한 것인가?"에 대한 논의가 사내에서 있었을 때, 이 '3가지 신기'라는 말로 설득한 기억이 있다.

결과적으로 LSI는 상상도 못한 장족의 진보를 이루어, 초대용량 기억소자, 초고속 연산소자로 이어졌다. 당시에는 아직 개발 중이었던 액정도 비약적인 진보를 이루었다. 그리고 2차 전지는 리튬이온전지가 세상에 등장하여, 소형·경량의 2차 전지로서 성장해 온 것이다. 이 '3가지 신기'는 모바일 IT 사회를 실현하기 위해 필수적인 기기였던 것이다.

이 '3가지 신기'가 있다면, 한편으로 '3가지 둔기'도 있을 것이라고 생각한다. 이것은 본인이 독자적으로 생각한 것인데, '3가지 둔기'의 정의는 다음과 같다.

'3종의 신기'라는 새로운 물건이 세상 밖으로 퍼져 나가고 있을 때, 안으로는 사라지고 있는 물건도 있을 것이다. 특히 1세기 이상(즉, 엔진 시대 이후) 끊임없이 사용되어 온 제품 중에 변혁에 의해서 사라지는 물건, 이것을 '3가지 둔기'라고 정의해 보았다. IT혁명의 모습이 조금 보이던 무렵에 앞으로는 사라질 것이라고 느낀 3가지 제품이 있었다.

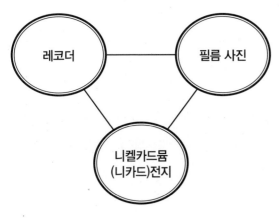

[그림 11-2] 3가지 둔기

첫 번째는 니켈카드뮴전지이다. 이 전지는 에디슨이 발명한 니켈철전지와 같은 시대에 개발된 것으로, 에디슨 시대부터 100년 가까이 사용되어 온 것이다. 이것이 리튬이온전지로 바뀌었다는 것은 지금까지

이야기한 내용과 같다.

두 번째는 레코더이다. 이것도 에디슨이 발명한 것으로, 전형적인 아날로그 제품이다. 카세트 테이프와 DAT(디지털 오디오 테이프) 등 여러 가지 대체품이 나왔는데도, 이들은 쭉 끈질기게 연명해 왔다. 그러나 이것도 CD의 등장으로 끝이 났다. IT혁명과 '아날로그로부터 디지털로'라는 커다란 흐름 속에서 사라진 제품이다. 연주시간이 긴 클래식이나 앨범을 수록한 LP판은 직경 30cm나 되었고, 다루는 데 주의가 필요했다. 12cm로 크기도 작고 가벼운 CD가 사용하기에 더욱 편리하였다. 그뿐만 아니라 당시 일종의 '디지털 신앙' 같은 것이 있어서 음질도 CD가 낫다고 하는 이야기도 있어, 순식간에 CD가 레코더를 대체해 버렸다.

최근 아날로그 레코더의 음질이 재평가되어 부활의 조짐이 보인다는 이야기도 있지만, 예전과 같은 음악기록 매체로는 돌아가지 못할 것이다. 게다가 레코더를 퇴출시킨 CD도 이제 이미 주류의 음악 기록/재생 매체가 아니다(MP3의 등장 이후).

그리고 세 번째가 필름 사진이다. 어느새 필름 사진이라는 말도 알지 못하는 사람이 있을지 모르겠다. 필름 사진은 주로 은염을 사용한 감광제에 빛을 반응시켜서 영상을 기록하는 것이다. 감상을 하기 위해서는 대부분 촬영 후 필름을 사진실에서 현상하여 용지에 인화하는 수순을 필요로 한다. 이것은 에디슨의 발명은 아니지만, 에디슨 시대의 조지 이스트만이 발명한 것이다. 이것도 전형적인 아날로그 제품이다. 만약 누군가가 필름 사진이 없어진 이유가 무엇이냐고 물으면, 아마도 이런 대답이 나올 것 같다. "그 대답은 간단합니다. 디지털 카메라가 출현했기 때문입니다."

그러나 이 디지털 카메라 설은 사실이 아니다. 그렇다면 진짜 이유는 무엇일까?

필름 사진이 없어진 날

사실 나도 필름 사진이 사라진 것은 디지털 카메라 때문이라고 생각했다. 그러나 대형 사진업체의 사람에게 '3가지 둔기' 이야기를 했을 때, 필름 사진이 없어진 것은 디지털 카메라의 출현 때문이 아니라는 대답이 돌아왔다. 그는 2001년에 카메라 겸용 휴대폰이 출현한 것이 그 이유라고 하였다.

디지털 카메라가 나왔을 무렵, 사진 업계에서는 커다란 논쟁이 있었다고 한다. 그런데 그때의 결론은, '디지털 카메라는 위협이 아니다. 필름 사진은 살아남을 것이다.'였다고 한다. 이러한 결론이 나오게 된 이유는,

Q(품질) = 필름 사진의 화소수는 1000만 화소 이상으로, 디지털 카메라보다 두 자리 이상 크다. 거기다 필름 사진은 100년 이상의 실적이 있고, 인화된 사진은 100년을 보증한다. 필름 사진이 뒤쳐지는 것은 연사를 할 수 없다는 점뿐이다.(이것은 어디선가 들은 이야기이다.)

C(가격) = 필름 사진 시스템은 고도의 코스트 다운(비용절감)이 진행되어 있다. 디지털 카메라도 결국은 인쇄할 때 잉크 비용, 사진용 인쇄지의 비용이 들어서 필름 사진을 이기지 못한다.

D(공급체제) = 필름 사진은 촬영부터 인화까지가 번거롭지만, 현상소(사진관)는 전국 방방곡곡에 만들어져 있어서 디지털 카메라에 비해 불리한 점이 없다.

이러한 비교·분석의 결과, 디지털 카메라를 두려워하지 않고 필름 사진 사업은 영구 불변하리라는 분위기가 만연하게 되었다. 경영진, 사업책임자, 영업관계자, 개발관계자 모두가 필름 사진 불멸을 믿어 버린 것이다. 실제로 디지털 카메라 등장 이후에도 필름 사진 업계는 역으로 매출이 늘어 가고 있었다. 디지털 카메라의 등장으로, 디지털 카메라용 고급 프린트 용지라는 신사업이 성장했기 때문이다.

그러던 것이 카메라가 장착된 휴대폰의 등장으로, 하룻밤 사이에

무너져 사라진 신화가 되었다. 사진에 대한 사회의 가치관이 일변한 것이다. 앞서 이야기한 QCD의 분석은 정확하였지만, 이는 사진을 찍은 후 인화를 한다는 대전제를 바탕으로 한 것이었다. 카메라가 장착된 휴대폰의 등장으로 사진을 찍어 프린트하는 것이 아니라, 메일로 보낸다는 가치관으로 변화한 것이다. 이것으로 필름 사진 사업은 끝나버렸다. 정보단말은 휴대폰에서 스마트폰으로 바뀌어, 사진을 찍어서 SNS 등에 올리는 것이 현재의 모습이다(최근에는 더 나아가 카카오톡 등의 채팅 어플에서 트위터, 페이스북, 인스타그램으로).

이렇게 커다란 변화를 일으킨 카메라 장착 휴대폰이었으나, 제품 발매 직후에는 결코 해피(happy)하지 않았다. 여기서부터는 들은 이야기인데, 이것을 상품화한 업체는 휴대전화 사업의 후발업체였고, 카메라 장착 휴대폰이 기사회생의 한 수가 되었던 것이다. 이 카메라 장착 휴대폰도 발매 개시 후 한동안은 전혀 팔리지 않아, 사내에서 문제가 되었다고 한다. 전혀 대책이 보이지 않는 채로, 휴대전화기 사업 그 자체에서 철수하는 것까지도 이야기되었다고 한다. 말 그대로 '다윈의 바다'를 표류했던 것이다.

그러던 중 광고 대리점도 포함한 대책회의 석상에서 "도대체 왜 이런 것을 개발했는가? 개발의 목적은 무엇이냐?"라는 말이 오가자, 개발자가 "카메라 장착 휴대폰의 개발 컨셉은 사진을 찍어서 프린트하지 않고 메일로 보내는 것이었으나, 이런 생각이 소비자에게 전해지지 못했다."라고 말하였다.

그렇다면 그 컨셉을 전면으로 내세우자는 결정을 내리고, '사진첨부 휴대폰 메일' 캠페인을 실시하게 되었다. 그래도 안 된다면 휴대전화 단말기 사업에서의 철수까지 생각하고 배수의 진을 친 것이었는데, 이것이 보기 좋게 적중하여 그 업체는 단번에 휴대전화기 업계 1위의 점유율을 얻게 되었다.

놀라운 이야기이다. 가치관의 변화가 이만큼이나 시장을 바꾸어 버린 사례에 해당한다.

IT혁명에서 ET혁명으로

앞서 제10회에서 소개한 그림을 한 번 더 보겠다.

[그림 11-3]에서 2000년 전후의 피크가 IT혁명의 궤적을 나타낸다는 것은 이미 이야기하였다. 그렇다면 현재 진행 중인 제2의 피크는 무엇을 의미하는 것일까?

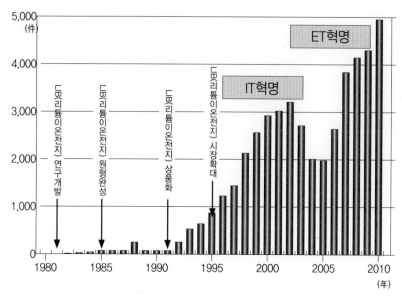

[그림 11-3] 리튬이온전지에 관한 연차별 공개특허 건수. 특허청 공개특허정보를 기준으로 작성.

여기서에서는 리튬이온전지의 시점으로부터 무언가 다음의 변혁이 시작되고 있다는 것이 명확하게 느껴진다. 그리고 다음의 변혁은 IT혁명보다 더 클 것 같다.

이 다음의 변혁은 환경·에너지 분야에서 일어나고 있다. 영어로하면 'Environment & Energy'이니, 앞의 이니셜을 따서 'ET혁명'이라는 이름이 적당할 것 같다. 이 변혁이 목적으로 하는 것은 지속 가능한 사회(Sustainable Society)의 실현일 것이다. 이 'ET혁명'에 있어서도 리튬이온전지가 중요한 공헌을 할 것이라고, 나는 생각하고 있다.

그렇다면 이 'ET혁명'의 중심은 무엇인지, 'ET혁명'으로 어떠한 새로운 사회가 탄생되는지, 이 'ET혁명'에 있어서의 '3가지 신기'와 '3가지 둔기'는 무엇인지에 대하여 이야기하고자 한다.

ET혁명을 개척하는 자동차

지속 가능한 사회를 향하여

지금까지 리튬이온전지는 IT혁명과 함께 성장해 왔다. 이 사실을 짐작해 볼 수 있는, 일본에서의 리튬이온전지에 대한 특허출원 추이를 앞에서 살펴보았다. 그 그래프를 보면, 리튬이온전지의 특허출원이 2006년부터 다시 급격하게 증가하고 있다. 이를 통해 IT혁명의 궤적인 첫 번째 파고에 비해서, 무척 커다란 제2의 파도가 밀려오는 것을 알 수 있다.

그런데 중요한 것은 건수만이 아니다. 그래프에서는 읽을 수 없지만, 거기에는 양적인 것뿐만 아니라 질적인 큰 변화가 있다. 우선, 변화한 것은 특허 출원인이다. 첫 번째 파도에 있어서 특허의 출원인은 통신 기기 업체, 전자 기기 업체, 전지 제조업체, 전자부품 업체, 재료

업체 등이 중심이었다. 제1의 파도는 IT혁명과 함께한 것이었으므로 이는 당연한 일이었다.

그러나 제2의 파도에 있어서는 그 양상이 달라졌는데, 자동차 업체의 출원이 크게 증가한 것이다. 거기에 전력 업체, 석유 업체 등의 출원도 늘어 가고 있다.

또 제1의 파도에서 특허출원 발명 목적의 중심은 전지의 소형·경량화에 의한 휴대 전자 기기의 보급이었다. 그에 비해, 제2의 파도에서는 특허출원 발명 목적의 중심이 자원·환경·에너지 문제에 대한 대응이 되었다.

이러한 것으로 볼 때, 제2의 파도는 자원·환경·에너지 문제라는 인류 최대의 과제에 대한 구체적인 해결책을 찾아 가고자 하는 배경으로부터 나왔다고 생각된다. 즉, 지난 회차의 마지막에서 이야기한 'ET혁명'이다. 그러면 이 ET혁명에 있어서, 리튬이온전지가 완수해야 할 역할은 어떠한 것일까?

자동차용으로의 전개

우선 ET혁명이란 상당히 광범위한 분야에서 일어나는 변혁으로,

지금부터 이야기할 자동차의 변혁만을 말하는 것이 절대 아님을 이해하기 바란다. 현재 ET혁명을 개척하고 있는 것이 자동차의 변혁이고, 이러한 자동차의 변혁을 이해함으로써 ET혁명의 전체적인 모습이 보여질 수 있을 것이다. 먼저 리튬이온전지가 자동차용으로 전개되는 현상을 확인해 보자.

〔그림 12-1〕은 리튬이온전지의 용량기준(단위: GWh) 시장 상황을 나타낸 것이다. 그래프 중 모바일IT란 종래의 휴대폰, 스마트폰, 노트북 등의 용도를 말하는 것이고, 그 위에 그려진 3가지는 자동차 분야이다.

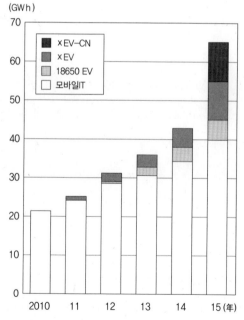

[그림 12-1] 리튬이온전지의 용도별 시장 상황. ㈜B3의 예측 데이터를 기준으로 작성.

이 중에서 18650 EV란 미국 테슬러용 전지로서, 노트북용 소형 원통형 리튬이온전지 18650사이즈를 8000개 접속하여 전기 자동차용으로 사용한 것이다. xEV란 자동차용 큰 사이즈 전지를 사용한 것이고, xEV-CN은 중국의 자동차(버스 포함)용 리튬이온전지 시장을 나타낸다. 중국에서는 PM2.5(디젤차의 미세분진)를 시작으로, 환경오염 대책으로서 국가정책적으로 자동차의 전동화를 추진 중이며 2015년부터 갑자기 커다란 시장을 형성했다.

미쯔비시의 EV차 i-MiEV(아이 미브)와 닛산 자동차의 리프 등의 전기 자동차가 본격적으로 발매된 것은 2010년쯤이었다. IT의 원년이 1995년이었던 것처럼, ET의 원년은 2010년이라 생각된다. 2010년에는 아직 리튬이온전지 시장의 전부가 모바일 IT용이었으나, 이후 자동차 용도가 서서히 증가하였고, 향후에는 자동차 용도가 모바일 IT 용도를 역전할 것이라 예상한다. 그리고 더욱 더 시간이 지나면 리튬이온전지 용도의 대부분이 자동차용이 되지 않을까 싶다. 자동차용 리튬이온전지의 증가 요인으로 생각되는 것들은 다음과 같다.

1. 리튬이온전지가 모바일IT 분야에서 20년 이상의 시장 실적을 가지고 있는 것
2. 에너지 밀도의 향상 등에 의해 실용적인 주행거리 전망이 가능해진 것

3. 오랜 시간의 시장 실적으로 리튬이온전지의 코스트 다운이 실현된 것

4. 구미, 중국을 시작으로 자동차에 대한 친환경 규제가 이루어진 것

즉, 리튬이온전지 기술의 진보와 자동차에 대한 환경 규제, 이 두 가지가 차량의 전동화를 진행시킨 원동력이 되었다.

다음 전망은 2025년

미국 캘리포니아 주의 대기자원국은, 1990년부터 ZEV(Zero Emission Vehicle = 배기가스 제로 자동차)를 진행해 왔다. 이를 ZEV규제라고 하는데, 지금까지 엄격히 실행되어 왔다. 2018년부터는 규제가 한층 더 강화되었고, 자동차 업체는 〔그림 12-2〕에 나와 있는 비율로 ZEV를 판매해야 할 의무가 주어지게 된다. 특히 2025년에는 그 비율이 2할이 넘는 22% 이상으로 되어 있는데, 이 숫자는 놀라운 것이다. 이와 유사한 환경 규제가 캘리포니아 주 이외의 미국, 유럽 그리고 중국에서 시작되려 하고 있다.

이러한 환경 규제가 계속해서 진행될 경우, 2025년에 자동차용

리튬이온전지의 시장이 어떻게 될지를 예측해 본 것이 [그림 12-3]이다.

2025년에는 리튬이온전지의 자동차 용도가 현재의 모바일IT 용도를 훨씬 상회하게 된다. 이것은 놀라운 데이터로, 2025년이라는 해가 하나의 분기점이 되는 것이다.

앞에서 ET혁명을 개척해 나갈 것으로 전망되는 것이 자동차의 변화이고, 이 자동차의 변혁을 이해함으로써 ET혁명의 전모가 보여질 것이라고 하였다. 이를 달리 표현하면, '새로운 자동차 사회가 탄생해서 ET혁명의 일부가 현실로 실현되는 것이 2025년쯤이 될 것이다.'라고 말할 수 있다.

연도	ZEV 비율
2018	4.5%
2019	7.0%
2020	9.5%
2021	12.0%
2022	14.5%
2023	17.0%
2024	19.5%
2025	22.0%

[그림 12-2] 미국 캘리포니아 주 ZEV 규제

ET혁명에 있어서 '3가지 둔기'

여기서 이야기를 조금 바꾸어서 '3가지 둔기'에 대하여 논해 보고

자 한다. IT혁명에 있어서 '3가지 둔기'는 레코드, 필름 사진, 니카드
전지였는데, ET혁명에서의 '3가지 둔기'는 무엇일까?

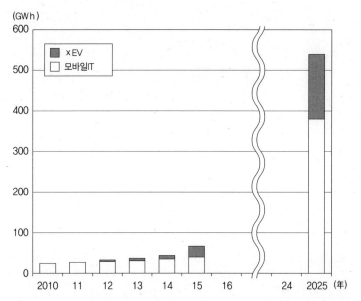

[그림 12-3] 2025년에 있어서 리튬이온전지의 용도별 시장 예측. ㈜B3의 예측 자료를 기준으로 작성.

여기서의 키워드도 에디슨이다. 내가 생각하는 것은 다음의 3가지
인데, 여러분도 꼭 한번 생각해 보았으면 한다.

첫 번째는 '백열 전등'이다. 이것은 에디슨의 발명 그 자체인데, ET
사회에 있어서 에너지 절약은 커다란 과제이다. 그리고 이미 소비전력
이 적은 LED로 변환되고 있어서, 머지않아 곧 백열 전등 100년의 역
사는 막을 내릴 것이다.

두 번째는 '교류 전송'이라고 생각한다. ET혁명에 있어서 발전, 송전, 축전은 중요한 변화 대상인데, 여기서는 송전에 대하여 상세히 설명하겠다.

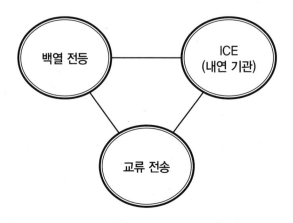

[그림 12-4] ET혁명에 있어서의 3가지 둔기

전력 사업의 여명기이었던 19세기 말, '에디슨 대 테슬러'라고 하는 전류 전쟁이 발발했다. 테슬러란 앞서 이야기한 전기차 업체인 테슬러사가 아니라, 발명가 니콜라 테슬러를 말한다. 양 진영은 송전 방식에 대하여 경쟁하고 있었다. 에디슨·제네럴 일렉트릭(GE) 진영이 직류 송전을 제창한 반면, 테슬러·웨스틴 하우스 진영은 교류 송전을 제창하고 있었다.

전류에는 직류와 교류 2종류가 있는데, 여기서 잠깐 정리를 하자.

직류란 어떤 것인지, 건전지를 상상해 보면 이해하기가 쉽다. 건전지에서 전기는 양극으로부터 음극으로 흐른다. 즉, 항상 일정 방향으로 흐르는 것이다. 그리고 이때의 전압은 일정하다(전지의 소모에 의해 전압이 떨어지기는 하지만). 이렇게 같은 방향, 같은 전압으로 흐르는 것이 직류이다.

이에 비하여 교류는 흐르는 방향도, 전압도 주기적으로 변화한다. 전류가 흐르는 방향이 '양극에서 음극'인 것은 어떠한 경우라도 같은 것인데, 흐르는 방향이 변한다고 하니 무슨 말인지 이해하기 어려울 수도 있다. 이 '흐르는 방향이 변한다'는 것을 바꾸어 말하면, '양극과 음극이 교체'되는 것이라 표현할 수 있다. 예를 들어, 가정의 콘센트로부터 얻어지는 전기는 교류이다. 플러그를 어떤 방향으로 꽂아도 전기를 얻을 수 있는 것은, 이처럼 양극과 음극이 정해져 있지 않기 때문이다(주기적으로 바뀐다).

전류가 흐르는 방향과 전압은 일정 주기로 변화하는데, 그 주기는 '1초간 몇 회 변화하는가'를 사용하여 표현한다. 이것이 '주파수'(단위는 Hz, 헤르츠)로, 1초간 50번의 주기라면 50헤르츠, 60회면 60헤르츠가 된다.

그런데 콘센트로부터 얻어지는 전기는 교류인데, 가정용의 전기제품 중에는 직류로 움직여야 하는 것이 적지 않다. 플러그와 기기 본체 사이에 AC 어댑터가 있는 제품이 있는데, 바로 이 AC 어댑터가 교류

(AC)를 직류(DC)로 변환하는 물건이다.

발전소에서 발전한 전기를 소비자에게 보내는 송전을 '직류로 할 것인가, 교류로 할 것인가?'가 에디슨과 테슬러의 분쟁이었다. 처음에는 직류 송전 방식이 우세하였으나, 송전망이 넓어질수록 교류 송전이 압도적인 우위를 차지하게 되었다. 송전 로스(Loss, 손실)가 적게 장거리 송전을 하기 위해서는 고전압 송전이 필수였는데, 당시의 기술로는 직류의 고전압화가 어려웠기 때문이다.

결국 에디슨 진영이 완전히 패배하여 이후 1세기 이상, 현재에 이르기까지 교류 송전이 사용되어 왔는데, 최근에 와서 다시 직류 송전이 검토되고 있다. 그 이유는 다음과 같다.

1. 파워 일렉트로닉스(전력의 수송·변화 등에 관한 기술)의 진보로, 직류의 변압이 용이해진 것
2. 고전압화가 가능해지면, 직류 송전 쪽이 송전 로스가 적은 것
3. 과반 이상의 전자 기기, 전기 제품이 직류구동인 것
4. 직류발전의 태양전지에서 직류→교류→직류의 이중변환 로스가 발생하는 것
5. 대규모 축전시스템이 보급되면, 그 충전과 방전이 당연히 직류로 이루어지는 것

에디슨을 패배하게 한 교류 송전이 ET혁명으로 인해 없어지고, 직류 송전으로 변화될 가능성이 있는 것이다. 이미 완성된 교류 송전이라는 사회적 인프라를 재건축하는 것도 작지 않은 일이지만, 직류 송전에 의한 에너지 절약 효과는 헤아릴 수조차 없다.

가까운 예를 들면, 백열 전등은 교류직류 겸용이지만 LED는 직류 구동이다. 현재의 전구형 LED가 고가이고 무거운 것은, 교류를 직류로 변환하는 변환기가 내장되어 있기 때문이다. 만일 직류 송전이 되면 전구형 LED는 가격도 낮아지고 가벼워지며, 효율도 한층 좋아지게 될 것이다.

세 번째는 'ICE'이다. ICE는 'Internal-Combustion Engine'의 약자로, 우리말로 내연 기관이라고 한다. 즉, 엔진을 말한다. ICE와 에디슨은 한편으로 아무 관계도 없는 것 같지만, 19세기 말 세상을 바꿀 새로운 이동수단을 만들고자 한 것은 칼 벤츠와 코틀리프 다임러였다. 이것이 현재의 엔진식 자동차이다. 즉, 현재의 엔진식 자동차가 태어난 것은 엔진 시대라는 말이다. 이것도 1세기 이상, 현재에 이르기까지 계속해서 이어져 왔으나 ET혁명으로 사라질 운명이라고 생각한다.

자동차 업체의 사람과 이 이야기를 나누다 보면 반드시 듣게 되는 말이 '엔진 자동차의 불멸론'이다. 그런데 나에게는 그 이야기가 IT혁명에서의 '필름 사진 불멸론'과 닮은 이야기처럼 느껴진다. 필름 사진을 멸망으로 몰아넣은 마지막 결정타가 카메라 장착 휴대폰이었다는 것을 앞서 이야기했다. 그렇다면 엔진 자동차를 최종적으로 없앨 결정타는 무엇일까? 그것에 대해서는 다음 최종회에서 이야기하고자 한다.

독일연방 참의원회에서 2030년 이후 가솔린 엔진과 디젤 엔진 등 내연 기관을 사용한 자동차를 금지하는 결의를 채택했다는 뉴스가 2016년에 있었다. 결의 채택은 곧바로 법적 효력을 가지는 것은 아니지만, 이는 커다란 반향을 불러일으켰다. 이것에 대하여 "극히 비현실적", "그런 일은 100% 있을 수 없어.", "기술적으로 불가능"이라는 반론이 많았었다.

여기에서 앞서 이야기했던, '1995년의 사람에게 현재의 모바일 IT 혁명이 상상 되는지'를 물어보는 상황을 떠올려 보기 바란다. 누구나 "그러한 것은 있을 수 없어.", "믿을 수 없어", "그러한 것은 기술적으로 불가능하다."라고 생각하는 것을 태연하게 실현하는 것이 혁명인 것이다.

다음에서는 최종적으로 'ET혁명이 가져올 미래 사회, 그때의 일본은'에 대하여 이야기를 해 보고자 한다.

ET혁명이 가져올 미래 사회

ET혁명에 있어서 '3가지 신기'

ET혁명의 개척에 앞장서서 움직이고 있는 것은 자동차 변혁이지만, ET혁명은 매우 광범위한 분야에서 일어나는 것이다. 이 변혁 중에 사라져 갈 '3가지 둔기'에 대해서는 앞서 이야기하였다. 그러면 ET혁명에 있어서 '3가지 신기'란 무엇일까?

이 변혁의 대상은 '자원(식료를 포함)·환경(CO_2)·에너지(발전, 송전, 축전)'라는 3가지 인류 최대의 과제에 대해 명확한 답을 줄 수 있는 기술이나 제품이 '3가지 신기'가 될 것이다. 그런데 이렇게는 분야가 너무 넓어서 구체적인 이미지가 떠오르지 않는다. 그래서 여기서는 ET혁명이 가져올 자동차 분야에 있어서의 3가지 신기에 초점을 맞추고자 한다.

자동차 분야에서 향후 전동화가 진행되는 것은 틀림없는 일이다. 또 이미 그것을 향한 길도 대략 그려져 있어서, 다음 분기가 2025년쯤 이 될 것이라고 이야기했었다.

　'자동차의 변혁은 단순히 전동화만으로 끝나는 것일까?', '2025년 이후 자동차에는 보다 큰 변혁이 기다리고 있지 않을까?'라는 생각을 하며, 2025년 이후의 자동차 사회를 예감하는 '3가지 신기'를 제안하고자 한다.

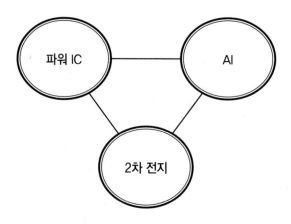

[그림 13-1] ET혁명이 가져올 자동차 사회의 3가지 신기

　우선 첫 번째는 '2차 전지'이다. IT혁명에서의 3가지 신기 중 하나 이기도 했던 2차 전지는, ET혁명에서도 중요한 역할을 할 것이다. 이 것에 대하여는 벌써 몇 차례 이야기했었다.

두 번째는 '파워 IC'인데, 귀에 익숙하지 않은 용어이므로 배경을 설명해 보겠다.

IT혁명에서는 LSI가 3가지 신기 중 하나였고, LSI의 장족의 진보가 IT혁명에 큰 역할을 한 것은 이미 알고 있는 바이다. 이 LSI는 마이크로 일렉트로닉스라는 영역의 기술이다. 마이크로 일렉트로닉스는 밀리볼트(mV), 밀리암페어(mA) 정도의 레벨, 크다고 해 봐야 수십 볼트, 수 암페어 정도까지의 전압이나 전류를 대상으로 하는 세계이다. 이것에 대비되는, 파워 일렉트로닉스라는 영역의 기술이 있다. 이것은 수십 킬로볼트(kV), 수 킬로암페어(kA)의 고전압이나 고전류를 제어하는 일렉트로닉스의 세상이다. 이 파워 일렉트로닉스의 영역에서, LSI가 IT영역에서 완수한 것과 같은 역할을 담당하는 것이 파워 IC인 것이다.

지금까지 파워 일렉트로닉스 영역의 제품은 시장이 작다는 이유 등으로 그다지 기술의 진보가 없었다. 그러나 지금부터 전기 자동차 등의 큰 마켓이 기대되므로, 커다란 진보를 달성해 갈 것이라고 생각된다. ET혁명에서는 파워 IC 등의 파워 일렉트로닉스가 나설 차례이다. 앞서 이야기한 직류 전송 등도 이 기술의 진보로 가능하게 되는 것이다.

그리고 세 번째는 'AI'이다. AI란 인공지능(Artificial Intelligence)을 말하는데, 인공적으로 컴퓨터 등에서 인간과 같은 지능을 실현시키고자 하는 시도, 또는 그것을 위한 일련의 기초기술을 가리킨다.

특히 중요한 기능은, 인간과 같은 자기학습기능이다. 이 AI 기술의 응용 사례 중 하나가, 최근 자주 듣게 되는 자동차의 무인자율주행 기술이다. 사람이 자동차를 운전하는 것이 아니고, 인공지능이 운전하는 것이다. 최종적으로는 자동차에서 핸들, 브레이크, 엑셀이 없어지게 된다. 즉, 자동차가 로봇이 되는 것이다. 쉽지는 않은 이야기이지만, 틀림없이 가까운 미래에 실현될 것이다.

이 자율주행기술은 AEB(자동 긴급 브레이크), ACC(자동 정속 주행), LDW(차선 이탈 경고), LSK(자동 차선 유지) 등 많은 요소 기술로 성립되어 있다. 이들 기술을 집약하는 개발 로드맵을 정리한 것이 〔그림 13-2〕이다.

	개발기술 내용	실용화 시기	비고
레벨 1	AEB, ACC, LDW, LKS 등 단독 운전 지원기능 탑재	2016년 과반의 차종에서 실용화 완료	—
레벨 2	AEB, ACC, LDW, LKS 등 복수 운전 지원기능의 탑재	2016년 한정 차종에서 실용화 완료	—
레벨 3	자율주행기능을 가지는 안전의 최종 확인은 사람이 담당	2020~2025년	운전 핸들 유
레벨 4	완전 자율주행으로 사람이 관여하지 않음 (무인자율주행)	2025~2030년	운전 핸들 무

AEB: Automatic Emergency Braking (자동 긴급 브레이크)
ACC: Adaptive Cruise Control(자동 정속 주행)
LDW: Lane Departure Warning(차선 이탈 경고)
LKS: Lane Keep Support(자동 차선 유지)

[그림 13-2] 무인자율주행 기술의 로드맵

2017년 현재는 레벨 2의 후반 단계에 있고, 테슬러사의 모델S처럼 레벨 3인 차도 일부 시판되고 있다. 최종적으로 레벨 4가 되면 핸들도 없고, 운전자도 없어지는 무인자율주행의 세계가 실현되는데, 그 시기는 2025~2030년이 될 것이다. 여기서 다시 2025년이 나타났다. 역시 2025년은 커다란 매듭을 짓는 해가 될 것이다.

그러면 ET혁명이 가져올 자동차 사회의 2차 전지, 파워 IC, AI라고 하는 3가지 신기가 융합되었을 때, 과연 어떠한 세상이 될 것일까?

마이카(My Car)가 없어지는 날

마이카란 다들 알고 있는 바와 같이, 개인 소유의 자동차이다. 개인이 차를 소유하는 이유에는 자동차 운전이 취미라든지, (특정의) 차를 소유하는 것으로 신분을 알린다든지, 또는 마이카 이외에 이동 수단이 없다든지 등이 있을 것이다.

그러나 'AIEV'가 실현된다면 사정은 달라진다. 'AIEV'란 내가 임의로 붙여 본 이름으로, 'Artificial Intelligence Electric Vehicle'의 약어이다. 즉, AI기술로 창출된 무인자율주행 기능을 가진 전기 자동차이다. 보다 쉽게 '무인 택시'라고 하면 이미지를 잘 상상할 수 있을 것

같지만, '무인 택시'는 미래지향적인 뉘앙스가 덜 해서 'AIEV'라고 명하였다.

AIEV에서는 자동차 자체가 무인으로 이동하므로, 언제 어디서나 불러내는 것이 가능하다. 즉, 이동수단의 확보라는 의미에서 개인이 소유할 이유가 없어지는 것이다. 취미와 신분 때문에 차를 타는 사람은 일단 제쳐 두고, 그 외로는 일부러 비용을 들여서 개인이 차를 소유할 필요가 없어지는 것이다. 2025년 이후, 마이카는 없어지게(줄어들게) 될 것이다.

이 AIEV가 어떻게 운영될지, 이미지를 한번 그려 보자. AIEV는 AIEV 업자(캐리어)에 의해 일괄 관리된다. 이 업자란 스마트폰에 비유하면, NTT 도코모, 소프트 뱅크, au 등과 같은 것으로(한국이라면 SK텔레콤, KT 등의 통신사업자), 이용자는 AIEV 업자와 계약하는 것이 된다.

이용할 때는 스마트폰으로 AIEV를 부르면 1분 이내로 도착하고, 목적지까지 데려다 주고, 내리고 나서 차는 그곳에 내버려 두면 된다.

이 AIEV 업자에게는 각종 요금 체계, 서비스 체계가 있어서 연간 1만 킬로미터 무제한 사용, 가족 할인으로 월요금 1만 엔 등이 표준적인 계약조건이 될 것이라고 계산된다.

〔그림 13-3〕은 현재의 마이카(엔진 자동차), 유인 택시(엔진 자동차), AIEV 1대를 10인의 사용자가 공유한 경우의 상세 비용과 연간 1만 킬로미터(일반적인 마이카 소유자의 연간 주행거리) 주행 시의 총 비용이다.

마이카를 소유하여 연간 1만 킬로미터 주행했을 때의 총 비용은 90만 엔이다. 이 비용의 상세 내역을 보면, 차량 가격과 연비가 큰 비율을 차지하고 있다. 택시를 이용했을 때도 마이카와 비슷한 비용이 들지만, 내역은 전혀 달라진다. 택시 운행 비용 중에 큰 비율을 차지하는 것은 드라이버의 인건비와 연료비이다.

택시가 무인자율주행의 AIEV로 바뀌게 되면, 드라이버의 인건비는 당연히 제로가 된다. 그리고 AIEV는 전기로 달리므로, 연료비에 해당하는 전기 요금은 5분의 1 정도가 된다. 결과적으로 AIEV를 연간 1만 킬로미터 이용한 비용은 12만 엔(매달 1만엔)이 되는 것이다.

이 비용으로 통근, 쇼핑, 여행, 골프 등 지금까지 마이카로 했던 모든 것이 가능해진다. 믿을 수 없는 가격 파괴인데, 이렇게 될 수 있는 이유는 간단하다.

	마이카 (엔진차)	유인 택시 (엔진차)	AIEV
차량 가격(5년간 상각)	40만엔	40만엔	60만엔
연간 주행거리	1만km	10만km	10만km
연간 보험료	10만엔	10만엔	10만엔
연간 연료비(전기세)	15만엔	150만엔	30만엔
차량 검사비(연평균)	4만엔	4만엔	4만엔
자동차세(1년당)	4만엔	4만엔	4만엔
주차장(연간)	18만엔	18만엔	18만엔
드라이버 1사람 인건비(연간)	0	600만엔	0
총 비용(연간)	91만엔	822만엔	126만엔
1km 주행당 총 비용(1인당)	91엔/km	82.2엔/km	12.6엔/km
연간 1만km 이용 시의 총 비용(1인당)	91만엔	82.2만엔	12.6만엔

[그림 13-3] 엔진차와 AIEV의 비용 비교. 일경BP 미래연구소 'Mega Trend 2015(Car & Energy)'를 바탕으로 작성.

지금까지 마이카를 소유한 10사람이 1대의 AIEV를 공유하여 같이 사용함으로써 차량의 숫자가 10분의 1이 된다. 즉, 고정비(자동차의 주행 여부에 관계없이 일률적으로 발생하는 비용. 마이카의 경우 연료비 이외의 모든 것)도 자동적으로 10분의 1이 된다. 비례비(자동차가 주행할 때만 발생하는 비용)인 연료비가 전기세로 바뀌면서 5분의 1이 되므로, AIEV의 총 비용은 마이카의 7분의 1 이하가 되는 것이다.

그리고 이 AIEV는 계산할 수 없는, 다음과 같은 사회적 메리트와 개인적 메리트를 가져온다.

사회적 메리트

마이카를 없애는 것에 의한 지구환경에 대한 공헌

Zero Emission의(무공해) AIEV에 의한 지구환경에 대한 공헌

교통사고, 교통혼잡의 격감

고령화, 과소화(인구감소로 종래의 시스템이 붕괴되고 그로 인해 생활 편의시설 이용이 제한적으로 바뀜) 지역의 새로운 교통수단 제공

쇼핑센터 등의 광역주차 공간의 유효한 이용

거대 축전시스템을 자동적으로 구축

개인적 메리트

AIEV에 의한 코스트 부담의 대폭 저감

이동 중 시간의 유효한 활용

여기서 특히 중요한 점은, '사회적 메리트'와 '개인적 메리트'가 양립한다는 것이다. 지금까지 지구환경에 공헌하는 기술이나 제품은 비용 상승이 함께 발생하는 것이 일반적이어서, 말단 소비자에게 부담이 큰 것이었다. 그러나 AIEV는 이 두 가지를 모두 양립시킬 수 있는 것이다.

AIEV는 사물인터넷(IoT)이다

지금까지 말한 AIEV의 이야기에는 ET혁명의 본질을 시사하는 중요한 점이 포함되어 있다.

제11회에서 IT혁명으로 사라지는 '3가지 둔기'의 이야기를 하였다. 그 하나가 필름 사진이었다. 디지털 카메라가 등장하여, 필름 사진 사업이 일단 위기에 처했다고 여겨졌으나, 잠깐 동안은 안정적이었다. 그러나 2001년에 카메라 장착 휴대폰의 등장과 함께 맥없이 소멸되어 버렸다. 카메라 장착 휴대폰에 의해 사진에 대한 가치관이 변해 버린 것이다.

한편, 나는 ET혁명에서 '3가지 둔기' 중 하나로 ICE(내연 기관)를 꼽았다. 이 내연 기관이 소멸되어 가는 방아쇠, 즉 필름 사진에 대한 카메라 장착 휴대폰이 되는 것이 무엇인가를 생각해 보면, 나는 AIEV일 것이라고 판단하고 있다. 후세에 사람들은 아마도 이렇게 말할 것이다.

"2010년에 본격적으로 전기 자동차가 등장하여 내연 기관을 가진 자동차가 위기에 처했다고 생각되었으나, 당분간은 안정적이었다. 그러나 2025년 AIEV의 등장과 함께 맥없이 소멸되어 갔다. AIEV의 등장에 의해 개인이 소유하고 직접 운전하는 자동차에 대한 가치관이 변해 버렸다."

또 AIEV는 얼마 전부터 활발히 이야기되는 IoT와도 상당히 높은 친화성을 가지고 있다.

IoT란 'Internet of Thing'의 약어로, 일본어로는 '물건의 인터넷'이라고 말한다. IoT의 정의에는 여러 가지가 있으나 일반적으로, '식별 가능한 '물건'이 인터넷/클라우드에 접속되어, 정보를 교환하는 것에 의해 상호제어하는 시스템'이라고 정의하고 있다.

이 정의에서 '식별 가능한 물건'이 한 대 한 대의 AIEV이다. 가동하고 있는 AIEV는 모두 인터넷으로 접속되어, 이동수단인 동시에 일종의 센서로서 작동하게 되는 것이다. 리얼타임의 주행속도와 소요시간 등의 데이터를 클라우드로 보낸다. 달리고 있는 모든 AIEV에서 보내온 데이터는 현재의 것보다 훨씬 정밀한 교통체증 정보가 되어, 모든 AIEV로 다시 보내진다. 이 정보로 AIEV는 목적지에 최단 시간으로 도착하는 길을 찾는 것이다(IT강국인 한국은 이미 스마트폰의 어플을 통해 동일한 교통정보를 사용 중에 있다).

AIEV의 배치·배차와 남은 배터리 양(충전 타이밍)의 관리 등도 인터넷을 경유하여 일원화되므로 IoT에 딱 맞는, IoT 그 자체라고 할 수 있는 것이 AIEV이다.

하나 더 이야기하자면, 이동 이외의 목적으로 AIEV를 이용하는 방법도 있다. 2025년에는 500GWh 이상 용량의 리튬이온전지가 자동차에 탑재될 것인데, 이는 거대한 축전시스템이 사회 인프라로서 자동적으로 구축되는 것을 의미한다. 다시 말해, AIEV를 전력수급 발란스에 활용하는 것이 가능해지는 것이다. 만약 전력 위기나 블랙 아웃(정전)의 위험이 발생하면, AIEV가 일제히 충방전 스테이션(충전 스테이션이 아니다)으로 향하여 전력 계통에 방전을 진행하여 전력을 공급할 수 있는 것이다.

ET혁명에 있어서 일본이 완수해야 할 역할

지금까지 일본은 자원 · 환경 · 에너지 분야에서 세계를 리드하여 왔다. 앞으로 ET혁명에 의해 새로운 거대 산업이 창출될 것인데, 거기에서 일본이 우위를 유지하기 위해서 기술개발이 중요함은 말할 필요도 없겠다. 나는 이 분야에서 기술개발을 성공시킬 중요한 키워드가 '사회적 메리트'와 '개인적 메리트'의 양립이라고 생각한다. 이 두 가지를 양립시키는 기술, 제품, 사업이 살아남을 것이다.

언뜻 어렵게 들리는 이야기이지만, 예로 든 AIEV의 경우를 떠올려 보면 해법이 있을 것이라 생각한다. 일본이 이후에도 자원 · 환경 · 에너지 분야에서 세상을 이끄는, ET혁명의 우등생이 되길 바라는 마음이다.

자원 · 환경 · 에너지 문제는 인류 공통의 큰 과제로서, 지혜를 모아 해결책을 찾아가야 하는 것이다. 이 책에서 리튬이온전지가 이러한 과제를 해결하는 것에 있어, 중요한 역할을 해야 함을 이야기하였다. 리튬이온전지가 미래의 지속 가능한 사회 실현에 조금이라도 공헌하기를 기대한다.

전지의 역사

* 전지의 발명 시기에 대해서는, 자료에 따라 수년의 차이가 있음.

연도	주요 사건
1780년경	갈바니(이탈리아), 개구리의 다리로부터 전지의 원리 발견
1800	볼타(이탈리아), 현재 전지의 원형을 발명, 볼타전지
1859	플란테(프랑스), 납축전지 발명
1866	르크랑제(프랑스), 현재의 건전지로 이어지는 전지 발명. 르클랑셰 전지
1887 ~ 1888	가스너(독일), 건전지 발명 야이사키조우(일본), 건전지 발명 헤렌센(덴마크), 건전지 발명
1895	시마쯔겐조(시마쯔 제작소 2대 사장), 납축전지 시험제작
1899	융그너(스웨덴), 니켈카드뮴 축전지(니카드전지) 발명
1900	에디슨(미국), 니켈철 축전지 발명
1904	시마쯔 제작소가 국산 납축전지 1호 납품
1955	수은전지의 국내 생산 개시
1964	알칼리 건전지의 국내 생산 개시 니카드전지의 국내 생산 개시 고성능 망간 건전지의 국내 생산 개시
1969	초고성능 망간 건전지의 국내 생산 개시
1973	금속리튬 1차 전지의 국내 생산 개시
1976	산화은전지의 국내 생산 개시
1977	알칼리버튼전지의 국내 생산 개시
1986	공기아연전지의 국내 생산 개시
1990	니켈수소전지의 생산 개시
1991	리튬이온 2차 전지의 생산 개시

(전지공업회 홈페이지의 '전지 연표'를 기준으로 작성)

노벨화학상 요시노 박사의

리튬이온전지 발명 이야기

2020. 12. 10. 초 판 1쇄 인쇄
2020. 12. 15. 초 판 1쇄 발행

지은이 | 요시노 아키라
옮긴이 | 한원철
감 역 | 정순기
펴낸이 | 이종춘
펴낸곳 | **BM** (주)도서출판 성안당

주소 | 04032 서울시 마포구 양화로 127 첨단빌딩 3층(출판기획 R&D 센터)
     | 10881 경기도 파주시 문발로 112 파주 출판 문화도시(제작 및 물류)

전화 | 02) 3142-0036
     | 031) 950-6300

팩스 | 031) 955-0510
등록 | 1973. 2. 1. 제406-2005-000046호
출판사 홈페이지 | www.cyber.co.kr
ISBN | 978-89-315-9036-4 (93000)
정가 | 13,800원

이 책을 만든 사람들
책임 | 최옥현
진행 | 최동진
교정 · 교열 | 이진영
본문 · 표지 디자인 | 신묘순, 박원석
홍보 | 김계향, 유미나
국제부 | 이선민, 조혜란, 김혜숙
마케팅 | 구본철, 차정욱, 나진호, 이동후, 강호묵
마케팅 지원 | 장상범
제작 | 김유석